稼ぎたければ、捨てなさい。

起業3年目までに絶対知っておきたい、秘密の裏ルール

船ヶ山 哲

きずな出版

はじめに――

ビジネスの常識を一変させる

「起業して成功する」

何とも夢のある言葉です。しかし、その夢を叶えることができるのは、わずか数パーセントの「勝ち組起業家」だけです。

ただ、考えてみてください。

倒産し、消えていった会社の社長は、怠《なま》け者で仕事もせずに、昼間から酒浸《さけびた》りの人生を歩むような生活をしていたのでしょうか？

それとも人を騙《だま》すような、詐欺《さぎ》まがいの粗悪《そあく》商品でも扱っていたのでしょうか？

おそらく、どちらも違います。

どの社長もサボることなく努力し、情熱を持ってよい商品を扱っていたはずです。

しかし、その大半は10年もたずして息絶えてしまうのです。

では、生き残ることができている会社の社長は、ほかより努力し、優《すぐ》れたいい商品を扱っているのでしょうか？

それとも才能があり、優秀な人だけが成功を勝ち得ることができるのでしょうか？

こちらも、必ずしもそうとは言えません。

ただハッキリしているのは、努力とは無関係に、「成否は分かれる」という事実があるだけです。

では、どのような視点や考え方を持てば、ＴＯＰ１％に入り、資産だけでなく、自由なライフスタイルを勝ち取ることができるのか？

その真相は、本書の中で詳しく解き明かしていきますが、ただ1つだけ言えることは、この真相を知ることで、努力とは無縁に成功することができるということです。

しかし、逆のことも言えます。

この真相を無視し、このまま見過ごしてしまう人は、何日も寝ずに働いたところで、倒産する確率は、ほぼ１００％免《まぬか》れることはできません。

なぜなら、それだけこの真相には、ビジネスの成否を分ける「根源」とも呼べる秘密が隠されているからなのです。

本書で明かす「起業の秘密」を知れば、あなたのビジネスは大きく変わります。キーワードは「捨てる」です。ノウハウやテクニックを捨てる。儲け話は捨てる。冷やかし客は捨てる。流行りの集客法は捨てる……。

こういった、「起業3年目までに絶対知っておきたい秘密の裏ルール」が、本書の中には散りばめられています。

あとは、あなたの「選択」により未来は決まります。

1つは、本書を棚に戻し、倒産までのカウントダウンをスタートさせるか？

もう1つは、ビジネスを成功させ、誰もが憧れる起業家として活躍するか？

このどちらかしかありません。

このような話をすると、「現状維持もあるでしょ」と言う人がいます。しかし残念ながらビジネスにおいて、現状維持というオプションは存在しません。

なぜなら、競合他社やお客様は、常に進化しているからです。

だから、あなたが起業を成功させ、人生を大逆転させたいと強く願うのであれば、今すぐレジで会計を済ませ、本書を片手にお気に入りのカフェに入り、その真相を一言一句、読み飛ばすことなく究明してください。

その第一歩があなたの未来を切り開き、人生を変えることでしょう。

その証拠に、私はその真相を知ることで、**起業後わずか3年で、「億」を稼ぐ**プレイヤーになることができました。

しかも、ほかの会社と大きく違い、社員ゼロ、事務所なし、日本に滞在するのは、1ヵ月のうちわずか1週間だけという、何とも意味不明な形態であっても、成功を勝ち得ることができたのです。それだけこの真相にはパワーがあるということです。

そして、これを知ることで、あなたが今まで信じてきたビジネスのセオリーが、ガタガタ音を立て崩れ落ちるとともに、成果に繋がらなかった理由がハッキリとわかるはずです。

さあ、新世界の幕開けです。

船ヶ山　哲

contents

contents

第2章

「顧客心理」を自由自在にあやつる

第3章

商品を変えずに「売上」を10倍にする

第4章 「冷やかし客」と「ズレた市場」は早く切る

contents

第5章 新規客を殺到させる「非常識な集客法」

第6章 起業の命運を分ける「共通点」と「タイミング」

第7章

ビジネスの本質をつかむ

ブックデザイン　池上幸一
協力　陽なた家出版スタジオ

稼ぎたければ、捨てなさい。

～起業3年目までに絶対知っておきたい秘密の裏ルール～

序章

クビに怯えて生きる人生は、もう捨てる

「93・7%」という残酷な数字

いきなりですが、質問です。

「93・7%」

これは何の数字だか、ご存知でしょうか？

答えを言います。

これは、ある年の国税庁の統計情報による〝会社が倒産、または解散する確率〟です。

もう少し具体的に説明すると、

設立5年以内の倒産率は、85%

設立10年以内の倒産率は、93・7%

設立20年以内の倒産率は、99・7%

ということです。

この数字だけを見ると、「怖い」と感じる人も多いと思います。

でも、考えてください。

今回このような数字を知ることで、今のうちから副業を開始したり、独立起業するなどして、事前に自分の身を守ることも可能だということです。

要は、問題の種を事前に知ることで、準備にかける時間を設けることができるのです。

しかし、このような現状を知らずして、何の保証もない大海原《おおうなばら》に放り出された場合、荒波の未開の地では即死する可能性すら考えられます。

なぜなら、サラリーマンと起業家とでは、そもそもビジネスに対する考え方や思想そのものが異次元のものだからです。そのため、そういった違いなどを事前に知り、今から準備しておく必要があるのです。

起業するチャンスと捉えることができるか？

しかし、この数字から２つの見解をすることができます。

それは、会社にしがみつき、給料を下げられ、クビに怯《おび》える生活を続けるか？

それとも、独立起業するチャンスを神様に与えられたと捉えるか？

このどちらかだということです。

これは、今回の事例に限ったことではありませんが、物事には、常に複数の見解や見方があります。そして、「非」だと感じていたものであっても、角度を変えて見ることで「正」にもなり得るのです。

だとしたら、可能性のないマイナスな部分にフォーカスするのではなく、プラスな部分に焦点を当て、視野を広げていくことが、未来の可能性を切り開きます。

このように、「出来事は1つであっても、見解は複数ある」という視点がない人は、ビジネス以外の場面であっても、人生に行き詰まりを感じるようになります。

そして、他人の人生を羨《うらや》み、「自分だけが、どうして不幸なんだ」と卑屈《ひくつ》になり、敗北者という烙印《らくいん》を自ら押す生活を余儀なくされるのです。

もちろん人それぞれの人生なので、あなたがどう生きようと他人には関係ありません。

しかし、人生は誰もが平等に「選択できる」のです。

しかも見解次第で、未来をいかようにも変えることができるのです。

そうです。この瞬間にも変えることは可能なのです。

あとは、あなたが「変わりたい」と強く願うかどうかだけです。

そして、あなたが瞬《まばた》きすることなく、真っ直ぐな目をして大きな声で、「はい。変わりたいです」と答えるのであれば、その解決策を今からお伝えしていきます。

これさえ知れば、牢獄《ろうごく》のような人生から脱却し、輝かしい自由な生活を手に入れることができるようになるのです。

失敗する人には2種類ある。
考えたけれども実践しなかった人と、
実践したけど考えなかった人だ。

――ローレンス・J・ピーター（アメリカの教育学博士）

第1章

TOP1%の「起業思考」を手に入れる

なぜ、成功できないのか？

世の中には、努力せずともビジネスを成功させてしまう人と、寝ずにコツコツがんばってもなかなか成功できない人がいます。

では、なぜ多くの人はがんばっているにも拘《かかわ》らず、その努力が報われないのか？

その答えを言う前に、この章では、そもそも何がその差を生み出し、収入の格差やレベルの違いを生み出しているのかということについて触れていきたいと思います。

そして、この根源とも言える「違い」さえ初めの段階で把握することができてしまえば、この先、何に取り組んだとしても面白いように成果を実感し、これまで失ってきた時間や、投資してきたお金を取り戻すことができるようになります。

では、早速始めていきます。

いきなりですが、質問です。

「ビジネスでうまくいかない人の共通点は何でしょうか？」
・才能がない
・スキルが低い
・人脈に恵まれない
・資金が乏《とぼ》しい
・情熱が欠けている
・努力不足
など色々思いついたと思いますが……

どれも違います。

なぜなら、多くの人は努力をし、本を読み、真面目に勉強しています。

そして、資金ゼロで起業にチャレンジする無謀なバカと違って、準備に準備を重ね、お金だけでなく人脈も構築してきたはずです。

それにも拘らず、ビジネスで成功できる人はほんのわずかなのです。

「他人が提唱する儲け話」は捨てる

では、一体何がその差を生み出し、成否を分けてしまうのでしょうか？

うまくいかない人の共通点。

つまり、先ほどの質問の答えは、

「自分の成功とは無縁な成功哲学を信じてしまう」

ということです。

「そんな人いる？」とあなたは首を傾げるかもしれませんが、この罠の怖いところは、大半の人が知らないうちにハマってしまうということです。

その典型例が、**「他人が提唱する儲け話」**や**「断片的なテクニック」**です。

このままではわかりにくいと思いますので、もう少し詳しく説明していきます。

たとえば、インターネットなどを見ていると、「アフィリエイト（インターネット上の代理店）で稼ぎました」だったり、「輸入、または輸出転売で大儲けしました」というようなキャッチコピーが、年中目に飛び込んできます。しかし、その大半が怪《あや》しいと言われるのは、「事実を遥かに超えた過剰な表現がされている」からです。

ここでのポイントは、これはあくまで「その人がうまくいった方法」ということであって、必ずしもあなたにマッチする儲けの手法とは限らないということです。

たとえば、30年間経理で働いてきた人に対し、急に「明日から営業として外回りしてください」と言ったところで、なかなか稼げません。

人には向き不向きがあります。

これは、その仕事が好き嫌いということではなく、これまでに、どんなことに時間を使い経験を積んできたかということが、大きく影響を与えます。

「1万時間の法則」が飛躍の鍵となる

「1万時間の法則」という言葉を聞いたことがあるでしょうか?

簡単に説明すると、フロリダ州立大学のK・アンダース・エリクソン博士が研究して得た法則で、プロのスポーツ選手や世界的な音楽家など、競争の激しい分野の成績のいい人ばかりを対象に調査し、研究結果として導かれたものです。

人は、何かの分野のプロになるまでに、平均で1万時間はかかるというものです。

つまり何かの分野のプロになろうと思うと、毎日8時間、真剣に取り組んだとして、3年5ヵ月もかかるのです。

そのため、このような儲け話に手を出した人が、夜通しがんばってもなかなか稼げないのは、能力が低かったわけでも才能がなかったわけでもないということです。

単に、それにかけてきた時間が不足していたことが大きな要因となっていたのです。

ノウハウに踊らされない

断片的なテクニックや手法なども基本的には同じです。

たとえば、「セミナークロージング」というセールスの手法があります。

これは従来の個別セールスと違い、一度に大人数に向けてセールスし、その場で成約し、一気に売上をあげるというものです。

これも手法だけを聞くと、「効率的で、すごい」と感じ、話を聞けば聞くほど「この手法を学びたい！」と思ってしまいます。

しかし、新しい取り組みをおこなうときは、あなたの経験や知識はゼロリセットになることを忘れてはいけません。当然ゼロリセットということは、プロとしてその手法をマス

ターするまでに、1万時間の法則が適用され、膨大な時間と労力をかける覚悟が必要です。

それを踏まえたうえで、もう1つ注意しなければいけないことがあります。

それは、世の中にあるセミナークロージングの手法を教える塾やスクールには、決して公表されない隠された罠があるということです。

もちろん、すべての会社がそうとは言い切れませんが、その大半は不利な部分には一切触れずに、集客をおこなっているのです。

その証拠に、ある塾では、「5人集めれば、あなたは売上を上げることができる」という触れ込みでセミナークロージングの手法を販売し、教えている講師がいます。

しかし、その受講生の大半は、この手法をマスターしても成果を出すことができません。

理由は、〝一番肝《きも》となる部分を、販売時には教えない〟からです。

このケースで言えば、何が不足し、欠けているのかというと、肝心な「見込み客」の部分が抜けているのです。

正しくは、「5人集めれば、売れる」ではなく、「5人の〝見込み客〟を集めれば、売れる」というのが本来のかたちです。

そして最も重要なのは、「見込み客」の部分であって、「5人」という数字ではないということです。

しかし、「5人集めれば、売れる」というフレーズだけを見た人は、「5人集めるだけで売れるようになるのか。その程度の人数であれば、友人に声をかければいいか」と誤解し、意を決して、セミナークロージングの学びをスタートさせてしまうのです。

しかし、真面目に学び、真剣に取り組んでも一向に稼げません。

なぜなら、セミナーの手法以前に、5人の友人はそもそも見込み客ではないからです。

ただ、多くの販売者は、この肝のところを隠してしまう。もしくは、気づけていません。

そのため、「5人集めたのに、まったく売れない」という生徒で溢れかえり、能力の低い自分に非があると誤解させてしまうのです。

そのほか、「コピーライティング」という手法に翻弄《ほんろう》されてしまう人もいます。

もちろん、この手法もマスターすれば、かなりパワフルで爆発力があるのは確かなのですが、多くの人がこれらの手法を学んだところで稼げません。

なぜなら、見込み客に対して情報発信しないと、お金を生み出すことはできないからです。しかし大半の人は、見込み客リストを持っていません。だから稼げないのです。

これも同様に、「稼げる」というワードが先行し、今の自分には関係ないことを学んでしまうため、いつまで経っても結果が出ないというジレンマに陥《おちい》る羽目《はめ》になるのです。

それ以外にも、多くの人が稼げないケースはあります。

それは、提唱している本人が〝そもそもやっていないことを教えている〟ケースです。

本当に儲かる「儲け話」を教えるお人好しなどいません。

なぜなら、その儲けの根源を教えたら、自分が稼げなくなるのが目に見えているからです。

だから、彼らの本当の目的は、教材などを販売して自分たちが儲けることであって、受講生を儲けさせることではないのです。

冷静に考えればわかることであっても、人はどん底に陥ると一発逆転を狙うようになります。

しかし、それは罠であり、さらなる悲劇を引き寄せることになります。

ビジネスとは、お客様との価値交換であって、そこに価値が存在していなければビジネスとは呼べず、ただのエゴであり趣味となります。

これは、今回のような事例に限らず、実業でも同じです。

商品のカタチがあるなしに拘らず、他人が提唱した断片的なノウハウやテクニックに踊らされず、それが今のあなたに必要なものか、まずはジャッジする必要があるのです。

ビジネスの流れを知る

そもそもビジネスには、流れがあります。

① 市場選定
② リサーチ
③ 集客

④　セールス
⑤　納品
⑥　アフターフォロー

この流れを無視し、断片的にビジネスを学んでも、うまくはいきません。

ここで大切になってくるのが、他人視点ではなく「自分視点」で物事を考えることです。

「今の自分に何が不足し、何を補う必要があるのか？」

ということを、常に意識する必要があるのです。

ポイントは、「自分の心に従って、欠けている要素を埋めること」です。

ここさえ外さなければ、先ほどの事例のように、労するばかりで成果なしというバカげた罠に騙されることはなくなります。

そうすることで、今後一切、「他人が提唱する儲け話」や「断片的なテクニック」に惑《まど》わされることはなくなるのです。

ビジネスの流れを無視しない

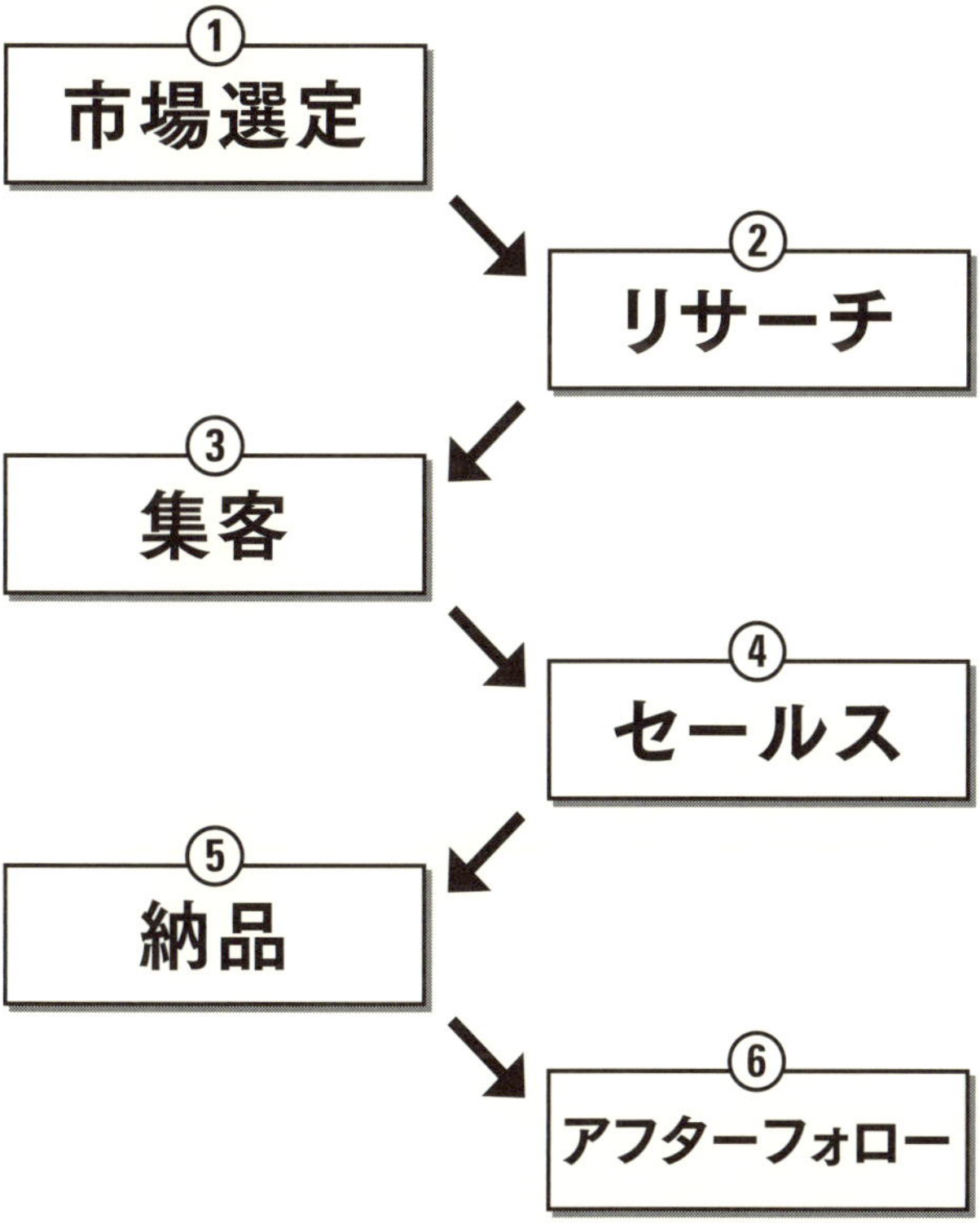

第1章まとめ

◎ビジネスでうまくいかない人には共通点がある

◎自分の成功と関係ない分野の成功哲学を信じない

◎他人が成功した手法が、あなたにマッチするとは限らない

◎プロとして活躍するためには、「1万時間の法則」を知る

◎断片的なノウハウやテクニックに踊らされない

◎「今の自分に何が不足し、何を補う必要があるのか？」を意識する

第2章

「顧客心理」を自由自在にあやつる

怪しい儲け話に、心が惹《ひ》かれてしまう理由

ここまでの話を聞き、不思議に思ったことが1つあったと思います。

「なぜ、人は怪しい儲け話に惹かれるのか？　そして、詐欺商品に騙されるのか？」

ということです。

普通に考えれば、そんなバカげた漫画のような話に騙される人などいない、と思うかもしれません。しかし現実問題、このような詐欺話に翻弄され騙された挙句、泣き寝入りという話はあとを絶ちません。

ただ、これは人間である以上ある意味仕方がなく、本能が理性に負けてしまった結果とも言えます。とはいえ、「仕方がない」で済ませてしまったら、負のスパイラルから脱却するどころか、騙されることに麻痺し、借金を借金で塗り重ねていく、堕落《だらく》した人生を歩

む羽目となります。

もし、「そういった詐欺師に貢《みつ》ぐのが大好きです」という人であれば、それもありかもしれません。しかし大半の人は、「詐欺師に貢ぐために、汗水垂《た》らし働いているのではない！」と憤《いきどお》ると思いますので、ここからは、「どうして人は、怪しい詐欺話に心惹かれ、騙されてしまうのか」ということについて、人間の脳構造を紐解《ひもと》きながら、理論的に解説していきたいと思います。

その秘密は、次の「3つの脳」が影響しています。

①　爬虫類脳《はちゅうるいのう》（短期的欲求）

②　哺乳類脳《ほにゅうるいのう》（感情）

③　人間脳（理性）

このように人間の脳の中には、3つがそれぞれ機能として役割を持っています。物事を判断する際に心の中で様々な葛藤《かっとう》があるのは、この3つの脳が主義主張をおこなっているからなのです。そのため、理性で物事を考え、大人な対応をすることもあれば、あとから後悔するような、ダサくて卑劣な態度を取ってしまうこともあるのです。

人間には「3つの脳」がある

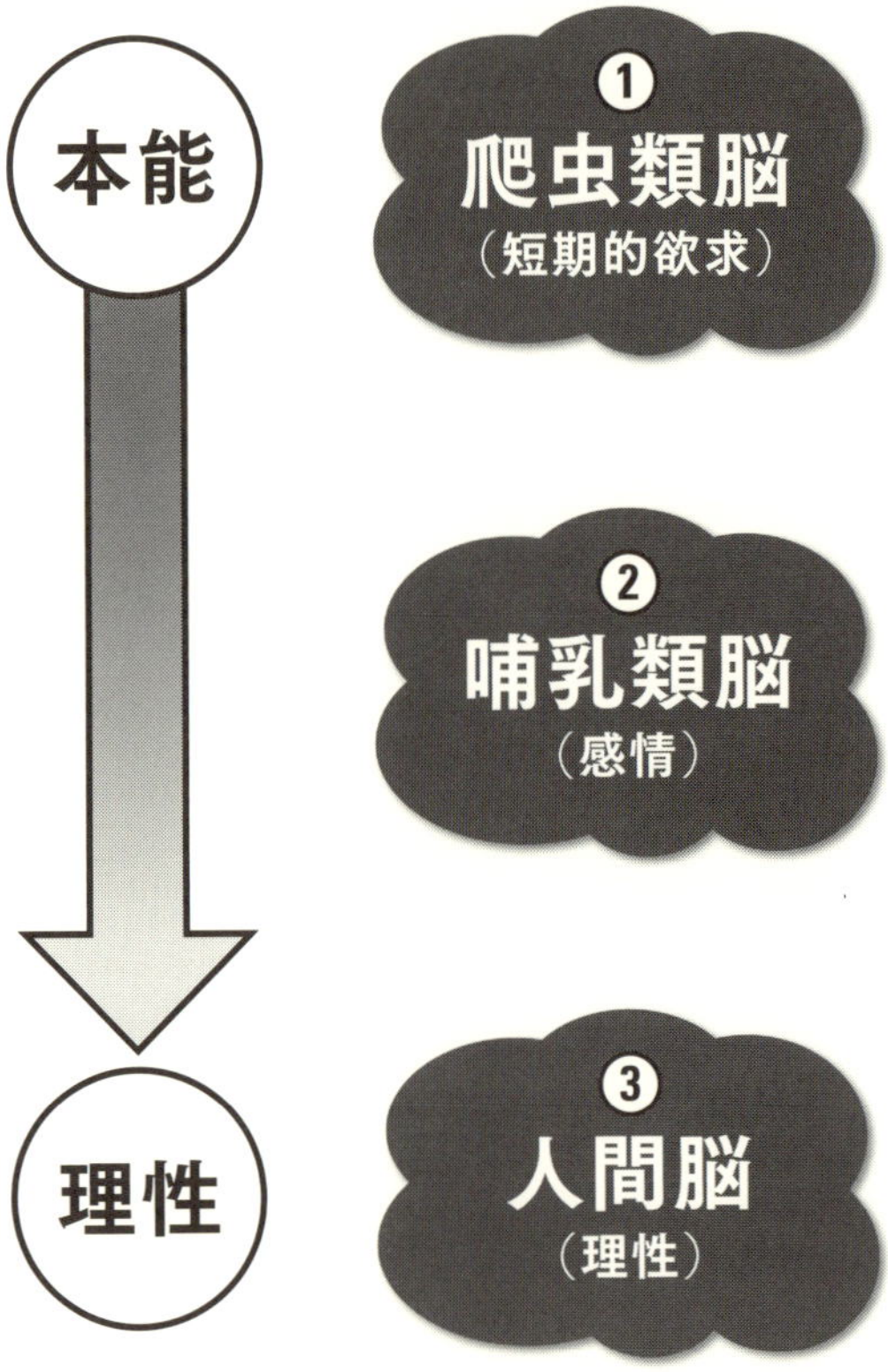

人間を制御する3つの脳

ではこの3つの脳について、それぞれ解説していきます。

① 爬虫類脳（短期的欲求）

はじめに、理性の塊《かたまり》とも呼べるような真面目な人が、なぜ怪しい儲け話に「心惹かれてしまうのか？」という疑問を、解消していきます。

通常で考えれば、「まさか私に限って騙されることはない」と力強く答えると思いますが、これは、いくらあなたが冷静沈着で理性ある人間であっても、脳の中の一部が勝手に騒ぎ出し、その怪しいと思われる話に許可を与えてしまうので、防ぎようがないのです。

それが、「爬虫類脳」です。

これは時代がいくら進化したところで、遺伝子に組み込まれた本能に直結する部分です。頑固に「私は理性の塊。常識人間」と目くじらを立てたところで、避けられるものではありません。なぜなら、爬虫類を目の前に理詰めで説教したところで、無視され自分が惨《みじ》めになるだけだからです。

そのため、変えることのできない脳構造に反発することを考えるのではなく、どうしたらうまく活用し、ビジネスに応用できるかを考えたほうが効果的です。

この脳は爬虫類というだけあって、非常に「短期的欲求」に弱く、考える前に先に手が出てしまうのが特徴です。言うなれば、トカゲがハエを目の前にして反射的にペロッと舌を出すように、無意識下でおこなってしまう反射的行動だということです。

このような反射的行動が、私たち人間の中にもあります。

それを司《つかさど》っているのが、短期的欲求に耐えきることのできない「爬虫類脳」なのです。

そして、この脳にアクセスされると我々はどうなるのかというと、理性や感情を抑えることができずに、本能丸出しで反射的に食らいついてしまうのです。

このように言うと、「恥ずかしい」「みっともない」と思う人もいるかもしれませんが、これが本来の人間の姿であり、原始時代も現代もこの部分については同じなのです。

②　哺乳類脳（感情）

次に、感情を司るのが、「哺乳類脳」です。

この脳は、「仲間をつくりたい」だったり、「成功したい」といった感情や欲求に影響を与えるような出来事から起因し、「これ、欲しい」といった消費行動を促《うなが》してしまうのが特徴です。

「人は感情でものを買い、理性で正当化する」

という言葉があるように、人は感情によって消費を決定づけてしまいます。

しかし、ここでのポイントは、「どうすれば感情のフェーズに行き着くことができるのか？」という疑問です。

このことについては、多くの人が疑問に持ちつつも、回答している書籍などは今までほとんどありませんでした。しかし、それを叶えてくれるのが、前項でご紹介した爬虫類脳へのアクセスなのです。

③ 人間脳（理性）

そして、最後が理性や理屈で物事を考える、「人間脳」です。

ここは、言い訳を必要とするフェーズでもあり、買った理由を自分に言い聞かせ、正当化させるところでもあります。

たとえば、あなたがブランドのバッグを片手に、買おうか買うまいか考えています。

このとき、「かっこいい」だったり、「オシャレ」といった感情が先行し、今すぐレジに駆け込みたい気分になります。

しかし、それでは許せないもう1人の自分が、レジに行かせまいと邪魔を仕掛けてきます。

「大丈夫？　高いよ」「もったいないよ」「今ならまだ間に合うから」といった具合です。

そこで、人間脳が理性を振りかざし、正義感たっぷりにこう言います。

「確かに値段は高い。でもその分、丈夫で長く使えるし、むしろ10年単位で考えたら安いよね」

このようなことは、あなた自身も経験があると思います。

これだけを見ると、「ただの言い訳でしょ」と感じるかもしれません。

しかし、このフェーズでは、正しい正しくないということは関係なく、自分なりの理屈が通れば、それは「正しい」と判断されるのです。それが人間脳の特徴です。

ただ、ここでも忘れてはいけないのが、爬虫類脳の存在です。

先ほどの感情のフェーズに行き着く前に必ず出てくるのが、この爬虫類脳であり、お店に入るきっかけとなった短期的欲求です。

今回のケースは、「このバッグを持てば、モテるかも」だったり、「友達から注目されるかも」といった、短期的欲求への刺激がフックとなり、入店するきっかけとなったのです。

人間は一瞬で物事を判断し購買を決定するため、まさか自分の中に3つの脳が存在し、それぞれが葛藤しているとは想像もしなかったと思います。

しかし、今回のようにフェーズごとにセリフ化すると、購買までの過程が少しは理解できたかと思います。

購買までの流れ

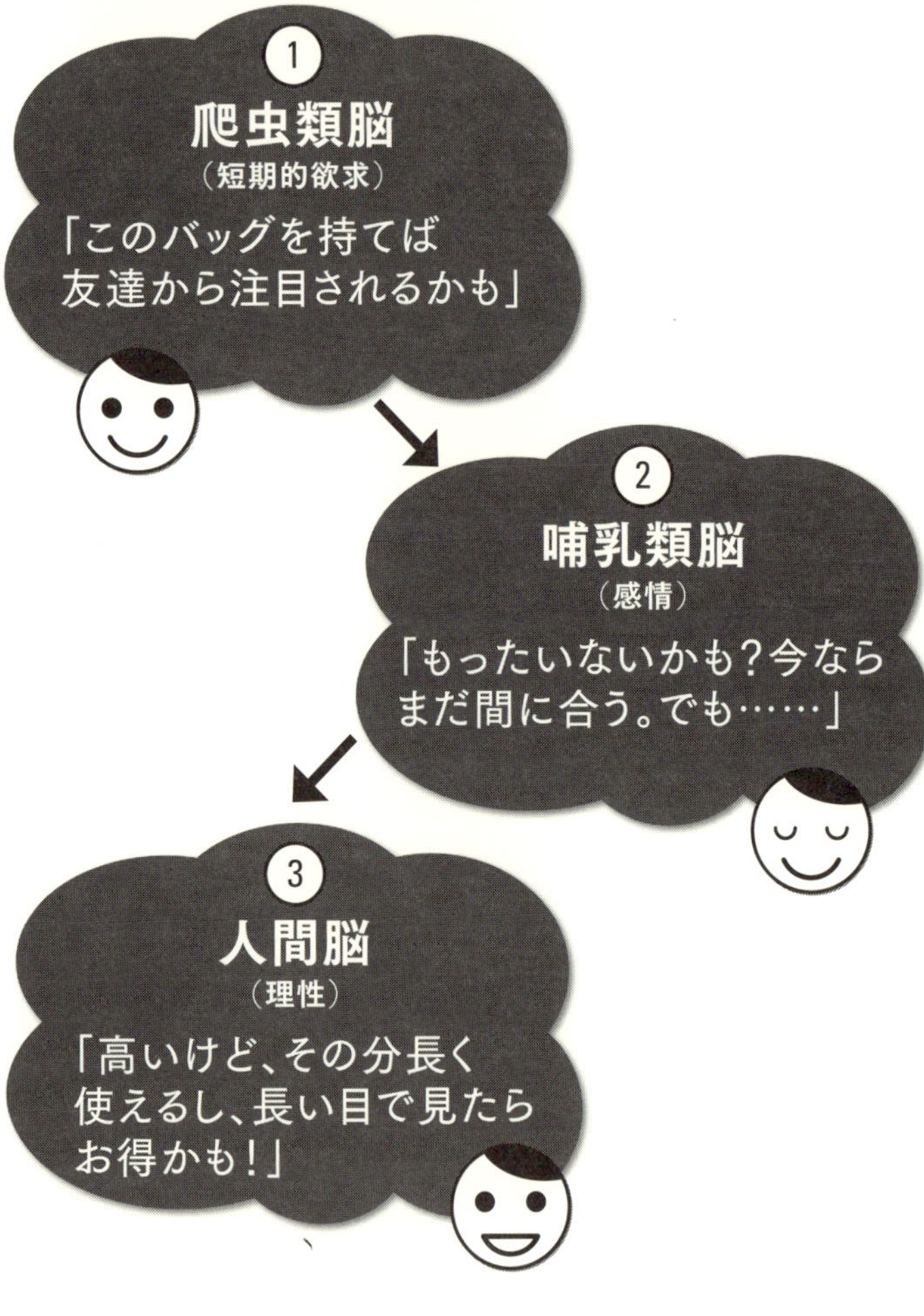
1
爬虫類脳
（短期的欲求）
「このバッグを持てば友達から注目されるかも」
2
哺乳類脳
（感情）
「もったいないかも？今ならまだ間に合う。でも……」
3
人間脳
（理性）
「高いけど、その分長く使えるし、長い目で見たらお得かも！」

いかがでしょうか？

あなたも、このようなことを考えながら、商品を買った経験がないでしょうか。とはいえ、このままで終わってしまったらビジネスになりません。

そこで、ここからは、あなたのビジネスの売上を飛躍させ、集客を自由自在にコントロールするための具体的な施策についてお話ししていきます。

ポイントは、

- **買うときは、爬虫類脳を抑える**
- **売るときは、爬虫類脳を刺激する**

ということです。

ここが理解できるようにならないと、あなたは一生、詐欺師にカモにされる人生を覚悟しなければいけません。

ただ、このように言うと、「私は人を騙すような行為はしたくありません」と目くじらを立てる人がたまにいます。しかし、人を騙すのと短期的欲求を刺激するのとでは、意味合いがまったく違います。

簡単に説明すると、詐欺というのは、そもそも架空《かくう》の商品を販売し、納品すらしない行為であって、短期的欲求とは一切関係ありません。ですので安心して、あなたが誇れる自慢の商品を、お客様の短期的欲求を刺激しながら届けてください。

爬虫類脳（短期的欲求）を刺激する

多くの人は集客と聞くと、しかめっ面をして「難しい」と言います。しかし、今回お伝えしている「3つの脳」を意識するだけで、今まで何を悩んでいたのかと不思議に思うほど集客が楽に、そして簡単になります。

ただし、この3つの脳を意識しない集客や施策は非常に困難で、大きな岩だらけのジャリ道を自転車で走るようなものです。これでは、目的地にたどり着く前に、パンクどころかタイヤの枠が曲がってしまいます。

そこで意識してほしいのが、「3つの脳」と「〜そう」です。

順を追ってお話ししていきます。

まず、「3つの脳」というのは、先ほどからお伝えしているように、

① 短期的欲求でもある「爬虫類脳」

② 感情を司る「哺乳類脳」

③ 理性で物事を判断する「人間脳」

この3つのことです。

この3つを理解すれば、集客時に正論を語り理詰めしたところで、誰からも相手にされることはなく、無視されるだけということがわかると思います。

そして、いくら正しい裏付けがある研究機関のデータを説明しても、お客様は興味もなく、そんな正論、誰も聞きたくないのです。

お客様というのは、「自分の未来はよくなるのか」ということにしか、興味関心がありません。

これは、あなたがお客様の立場で考えればすぐにわかることです。

しかし、これが販売者の立場になると周りが見えなくなります。

くだらない情熱を振りかざしたり、嘘か本当か疑わしい眠くなるような資料を何枚も自慢気に出す人がいますが、そんなものお客様には、何の興味もありません。

このように言うと、「ひどい、私が何日も寝ずにつくったのに……」と嘆《なげ》く人がいるかもしれませんが、これもまたお客様には関係ないことです。

あなたが何日寝ていなくても、真面目にコツコツ作成したとしても、そこにお客様が感じる価値が存在していなければ、それはただのゴミだということです。

何にでも段階があります。

あなたはお見合いの席で、「婚姻届」をいきなり出すようなバカな真似はしないと思います。しかし、これがビジネスとなると、このよう性急な行為を理路整然《りろせいぜん》とやってしまうから嫌われてしまうのです。

正直、これは変態の領域です。なぜなら、初めて会う人の前で、婚姻届を汗ばんだ手で握りしめ、子どもの将来について情熱的に語るのですから。

こんなことを初対面の人にされたら、誰だって嫌になります。

では、どうしたら、「私と結婚してください」と、相手から言ってもらうことができるのか？　そのためには、まずファーストステップとして、次回のデートの約束を取りつけることから始めます。

「～そう」でお客様は動く

その際のコツは、お客様には、「2つの種類」がいることを知っておくことです。

①　新規客

②　既存客

この2つです。

このように言うと、「そんなの当たり前、お前バカか」と思うかもしれませんが、こう思った方は、残念ながら集客が下手な部類に属します。

一方、「どういうことですか？　詳しく教えてください」と目を輝かせ、お気に入りのペンとメモを手にしたあなたは、才能があります。

なぜなら、このシンプルな答えが、本筋ではないと直感でわかっているからです。

では、本当の答えを言います。

それは、〝新規客というのは、商品をまだ使っていないので何もわからない〟ということです。

おそらく、このままではまだわからないと思いますので、詳しく説明していきます。

ポイントは、前で少し触れた**「～そう」**です。

たとえば、あなたがホームページで見つけたレストランに行くとします。

当然、このお店には、今までに一度も行ったことがないので、味も雰囲気もスタッフの対応もよくわかりません。

このように、新規客というのは既存客と違い「何もわからない」ということを、まずは知ることが基本です。

しかし、集客が下手な人は、この2つの種類のお客様を混同し、同じようにアプローチしてしまうため、メッセージが響かずに「チラシを撒いても既存客が戻ってきただけだった」と嘆く羽目になるのです。

だから、集客を成功させたければ、新規客と既存客へのアプローチはまったく異なるということを、まずは認識しなければいけません。

とくに新規客というのは、この段階では何もわからないので、すべてを伝える必要が、そもそもありません。

どういうことかというと、いくら紙面や言葉で伝えたところで、その10分の1も伝わることはないからです。

では、どうしたらいいのか？　ということですが、ここで出てくるのが「〜そう」です。

要は新規客というのは、そのレストランでまだ何も食べていないので、味が美味しいかどうかわかりません。だから、食べる前に味のことについて「あーだこーだ」と言ったところで、意味がわからないのです。

そうではなく、新規客には「美味しそう」ということのほうが重要だということです。

そのほかにも、

・雰囲気がよさそう
・スタッフが親切そう
・このお店は楽しそう

といった具合です。

このように、新規客と既存客は、同じお客様でもまったく異なる性質を持ち、見ている視点がそもそも違うということを知らなければいけません。

そこさえ押さえてしまえば、新規客が取れないと嘆くことはなくなります。

なぜ、メニューに「ステーキ」しかないお店が、魅力的に見えるのか?

次に、集客が下手な人は、すべてを伝えれば集客できると誤解しています。

たとえば、あなたがお持ちの携帯電話を想像してみてください。

色々な機能がついている優れものです。

しかし、あなたはその機能のすべてを、日々使っているでしょうか？
・電話機能
・メール機能
・電卓機能
・インターネット機能
・カメラ機能
これ以外にも沢山の機能が今の携帯には備わっていますが、おそらくあなたは、それらすべてを使うことはしないと思います。

沢山機能があっても、使っているのはそのうち多くとも3つぐらいだと思います。

これは、お客様も同じです。

機能が沢山あればいいということではなく、自分に必要な機能さえあれば、それで満足だということです。

使わない機能があることで、逆に使いにくくなっているとしたら、それは本末転倒です。

集客が下手な人は、すべての機能を盛り込めばどれかに引っかかると、誤解しています。しかし沢山の機能があることで、大切な1つが埋もれてしまい、結果、お客様に何も響かないという罠に陥るのです。ここに集客のヒントが隠されています。

では、あなたが集客するときはどうでしょう。

機能が沢山あるからといって、すべての機能を盛りに盛ってはいないでしょうか？もしあなたがすべての機能を集客の段階で出してしまっているとしたら、それは、「何もできない」と言っているようなものです。

その証拠にあなたは、おにぎり、うどん、カレー、ハンバーグ、ステーキ、ピザなど、何でも扱っている食堂のステーキをどのように感じるでしょうか？

おそらく期待などゼロで、腹を満たすためだけのつまらない食事に感じるはずです。

一方その隣には、ステーキ以外、一切取り扱わないお店があったとします。

当然、肉だけでなくソースや焼き方にもこだわりを持っています。

お店の中を少し覗けば、厨房には炎が見え、背の高い白い帽子を被った有名シェフがニコッと笑顔を返してくれます。

ステーキを食べたいときに、この2つのお店があった場合、どちらを選ぶでしょうか？

私なら、迷うことなくステーキ店に直行します。そのお店に長蛇《ちょうだ》の列ができ、2時間待ちであってもです。

これは、あなたのビジネスにも同じことが言えます。その商品がどんなに高性能かつ高機能でも、いらない機能はいらないのです。

そもそも販売者とお客様が感じる魅力は異なるからです。

しかし商品に夢中になっている経営者は、未だに、「これはほかにはない素晴らしい機能だ」と熱弁を振るいます。今の時代、いい商品であることなど最低条件であって、競合他社が粗悪品を扱っているということなどないのです。

このように言うと、「そんなことはない。競合他社の商品は、〇〇の機能がなくて使いづらい……」というように、他社批判をする人がたまにいます。

しかしそれは、他社からしたらあなたも同じです。要は、見ている視点が異なるだけ。お客様にとっては、どうでもいい話なのです。

「長期視点」ではなく、「短期視点」が人を動かす

では、どうしたらお客様から興味を持たれ、「是非、話を聞かせてください」と言われるようになるのか？

それは、お客様が感じる短期的欲求を意識しつつ、「最大の欲」または、「最大の痛み」に焦点を当てることです。

しかし集客が下手な経営者は、長期的な話をすぐに持ち出します。

・毎日の積み重ねが、長生きに繋がります
・老後も健康な歯であり続けるためには、歯磨き習慣が大切です
・お子さんが成人を迎える頃、若々しい両親でいるために

といった具合です。

これらの見出しは確かに綺麗で、人を傷つけることはありません。

しかし同時に、「何も感じない」というのが正直なところではないでしょうか。

もちろん、たとえば国や公的機関が発行するような、利益を生まなくてもいいようなものであれば、このようなつまらない見出しもいいですが、我々はビジネスパーソンであり、利益を生まないビジネスはただの趣味です。

これでは、本を読み勉強しているだけ無駄となります。

そうではなく、沢山のお客様に買ってもらい、価値を伝えることこそがビジネスであり、あなたの思いを世に知らしめる唯一の方法でもあるのです。

そこで大切になってくる考えが、誰からも褒められる綺麗なメッセージではなく、お客様にとっての短期的欲求を刺激する「短期視点」です。

わかりやすくイメージしていただくために、事例を用いながら解説していきます。

「体質改善して健康な体を手に入れましょう」（長期的）

「慢性肩コリを放置すると、めまいやしびれ、頭痛を引き起こす」（短期的）

これを見比べるとわかりやすいと思います。同じ健康について語っていても、アクセスするポイントや、相手に与える印象が大きく異なります。

そして、あなたが日々の慢性肩コリに頭を抱えていたとしたら、どちらのメッセージに共鳴し、「話を聞きたい」と感じるでしょうか？

おそらく、慢性肩コリに悩みを抱えているあなたであれば、後者の短期的欲求に目が留まることと思います。

なぜなら、すでにあなたの頭の中には、「慢性肩コリ」というフレーズが存在し、解決策に目が行く状態ができあがっているからです。

一方、前者の長期的視点の場合はどうかというと、「今の自分には関係ない」だったり、「いずれ時期が来たときにでも考えるか」ということで、あと回しにされてしまうのです。

というのも、人は使えるお金が限られているからです。

そして、お金だけでなく時間にも限りがあります。

その限りある中から、誰よりも先にお金と時間を使ってもらわなければ、ビジネスにならないのです。

だから、「いずれ」では遅いのです。

多くの人は、安い給料を何とかやり繰りしながら激動の日々を過ごしています。

毎日、満員電車に揺られ通勤し、嫌味な年下の上司に「使えない奴」と顔を合わせるたびに罵倒《ばとう》され、家に帰れば妻の目を気にしながら、2本目のビールを隠れてコソコソ飲む生活をしているのです。

そんな中、長期的な視点を謳《うた》うような生ぬるいメッセージがあなたの元にやってきたらどう感じるでしょうか？

間違いなく、一文字も読まれることなくゴミ箱へ直行です。

むしろ、こういったメッセージは、人によっては怒りすら感じるかもしれません。

ですので、あなたが集客を成功させたければ、長期的な視点でメッセージを言うのではなく、相手の短期的視点は何かを把握し、「最大の欲」もしくは「最大の痛み」にアクセスする必要があるのです。

そして、ここでのポイントは、「最大の」という部分です。

これは言い換えれば、「1つに絞る」ということです。

これができない人は一生貧乏を覚悟し、そしてエゴを満たすだけの、ビジネスとは呼べない趣味に没頭する日々を過ごす羽目となるのです。

ただ、あなたが本気でお客様のことを考え、自分の愛する商品を世に届けたいという熱い思いがあるのであれば、勇気を持って1つのメッセージに絞り、お客様が感じる最大の欲（痛み）でもある、短期的欲求を狙ってください。

そうするだけで、面白いようにお客様が行列をつくり、「是非、話を聞きたい」と言われる存在になることができるようになります。

そして、これが理解できると、商品に固執《こしつ》してはいけないということがわかるとともに、なぜ今までいい商品を扱っていたのにも拘らず、お客様から無視されていたのかが腑《ふ》に落ちると思います。

独立起業を成功させる秘訣

もしあなたが独立起業を成功させたいのであれば、爬虫類脳を狙ってくる儲け話ではなく、今の自分に必要な「情報」を選ぶことがまずは大切です。

ここまでの話で、なぜ多くの人が、ありもしないオイシイ話に騙され、貯金を失うだけでなく、借金をしてまで詐欺師に貢いでしまうのかがわかったと思います。

ただ、これは今の時代にはじめて起きたことではありません。今後も姿形を変え、あなたやあなたの大切な家族の元に、魔の手が差し伸べられることとなります。しかし、お金を稼ぎ、今後も永続的にビジネスを成功させたければ、投資が必要なのも事実。

ただこの投資も、株や不動産や金やFXなどではありません。何の事業をおこなうにしてもまずは、知識、経験、スキルへの投資が必要だということです。

これを無視してしまうと、散財するだけでなく、時間と労力を失う羽目になります。

なぜなら詐欺師たちは、豊富な知識を持っている人ではなく、他人任せで、知識に投資することのないカモを相手に焦点を当ててくるからです。だからあなた自身、自らの力で身を守るためにも、他人が提唱する儲け話にフラついてはいけません。

今、自分には何が不足し、何を補えばいいのかという「自分視点」を、常に持つ必要があるということです。

そして、この自分視点がない人は、常に隣の青い芝生に踊らされ、成功など夢のまた夢で、借金の返済に追われることになるのです。

儲け話が向こうからやってくる本当の理由

そして、多くの人ががんばっているのに、なかなか成功できない理由は、そもそもチャンスというものを誤解していることにあります。

夢見がちな人は、チャンスは無料でやってくるものと捉えています。

そして、二言目には、「ようやく俺の実力をわかってくれる人に出会った」と、勘違いしてしまうのです。

しかし、**ビジネスとは価値交換なので、そもそもスキルや経験、知識がない人のところに、チャンスが向こうからやってくることなどありません。**これは、冷静に考えればすぐにわかることです。

何もない人のところに近づく理由などなく、何か別の目的があるのです。

その証拠に、私の先生が以前、面白いことを教えてくれました。

それは、資産が10億円になるまでは本当の情報がやってくることはなく、多くの詐欺に騙されたというのです。

独立起業をすると、多かれ少なかれ、必ずあなたの周りに怪しい話は近寄ってきます。

そして、「自分だけは大丈夫」と多くの人が思っています。

でもそれが、チャンスという甘い罠にハマってしまう、そもそもの原因なのです。

「騙された」は、もう捨てる

ただし、罠にハマってしまっても、これは詐欺師に騙されたあなたが悪かったわけではなく、脳の中にある爬虫類が反応してしまったからにすぎません。

だから、ここでの教訓は、

「儲け話は、持ってきた本人しか儲からない」

これを肝に命じてください。

怪しげな投資話やネットワークビジネス……。このように、あなたの周りには誘惑の罠が渦巻いています。

しかし、それらはすべてあなたのためではなく、自分が儲けたいがためにやって来る儲け話なのです。

そして、そういった詐欺師たちは、あなたをトラップにかけるため、自分が貧乏であることを隠し、「金持ち」という嘘の仮面を被って目の前に現れます。

しかし、そもそも本物の金持ちがあなたの周りにいることなど、ほぼありません。

総務省統計局の労働力調査が2014年に公表した調査結果ですが、日本で年収1億円以上の収入を稼ぎ出す人は、17348人（就労者3703人に1人の割合。0・027%）です。

この数字を見れば、お金持ちに会う確率は宝くじ並みだということがわかるはずです。

もちろん、あなたの周りの成功者は偽物ではないかもしれません。

仮に、あなたの周りにいる成功者が本物であったとしても、残念ながら本当のお金持ちは何の価値もない人間とは深くつき合うことをしません。

なぜなら彼らは、つき合う人物が自分の収入を決めると知っているからです。

これは宗教やスピリチュアルといった類《たぐい》のものではなく、研究結果として報告されているもので、「ミラーニューロン」と呼ばれています。

このミラーニューロンを簡単に説明します。

これは1996年、イタリアのパルマ大学のジャコーモ・リッツォラッティ（Giacomo Rizzolatti）らによって発見されたものです。

「ほかの個体の行動を見て、まるで自身が同じ行動をとっているかのように〝鏡〟のような反応をする」ということから名付けられた、神経科学が証明したこの10年で最も重要な研究結果と言われています。

つまり本当のお金持ちは、お金持ち、もしくはその可能性がある人としかつき合わないということが言えます。

ただ、あなたが仮にお金持ちでなくとも、お金持ちが興味を持っているスキルや実績があれば、まだチャンスはあります。

ビジネスとは価値交換なので、時間や労力を奪うような人間は成功者から嫌われます。

しかし、逆に価値を提供できる人間は喜ばれるのです。もちろん、その価値がお金でなくともです。ですので、まずは目の前にいる人が本物なのか、それとも詐欺師なのかを見分ける必要があります。

多くの詐欺師たちは、すぐ騙すことはせずに、ゆっくり時間をかけて仕掛けてきます。

その時間は平均すると、約3年です。

それまでは信頼させるために、見せ金を使って、カモに餌をあげるかのごとく儲けさせます。そして信頼を得た頃に、一気に仕掛けてくるのです。

何度も言いますが、何もない人のところに来るチャンスなど詐欺以外ありません。

もし、あなたにスキルや実績がないとしたら、ほぼ間違いなくカモとして飼育されている可能性があります。

ですので、この章での教訓を忘れずに、今の自分には何が不足し何を補えばいいのかを、他人視点ではなく自分視点に立ち戻り冷静に判断してみてください。

第2章まとめ

◎人間には「3つの脳」がある

◎買うときは爬虫類脳を抑え、売るときは爬虫類脳を刺激する

◎お客様は「自分の未来はよくなるのか」ということにしか興味がない

◎お客様には新規客と既存客の2種類がいる

◎新規客に、既存客の販売手法を用いるバカ

◎販売者にとって自慢の商品であっても、お客様には関係ない

◎知識、経験、スキルへの投資が必要

◎儲け話は、持ってきた本人しか儲からない

第3章

商品を変えずに「売上」を10倍にする

最高の商品を扱えば儲かる？

今から1つの質問をします。

その回答を見ることで、あなたがビジネスの初心者なのか、それともビジネスのプロなのかを見抜くことができます。

そして、その回答は、あなたの今後の未来をある程度予想することができます。

たとえばこういった未来です。

毎月、海外のプールつき別荘で、シャンパン片手に優雅な生活を過ごすことになるか、それとも、借金の返済に怯えながら、再就職を探す人生を歩むことになるかがわかるのです。

「まさか、そんな大げさな」と思うかもしれませんが、この質問はシンプルながら非常に強烈なものとなりますので、お気に入りのメモとペンを用意し、真剣に答えてください。

では、始めていきます。


《質問》「完璧ないい商品を扱えば売れる」と思いますか？


この回答次第で、あなたの未来が天国かそれとも地獄かが決まります。いかがでしょう？

その答えは……

と、答えを言う前に、この質問を有効なものにするために先にお伝えしなければいけない大切なことがありますので、この章でも、まずはビジネスがうまくいかない人の共通点について触れておきたいと思います。

まず、多くの人はビジネスを誤解しています。

その誤解とは、「一生懸命働くこと＝売上が上がる」と錯覚していることです。

これはサラリーマン経験が長い人がとくにハマってしまう罠でもあるのですが、あなたの情熱や働いている時間というものは、お客様には関係ないということです。

商品に固執する思考を捨てる

さて、先ほどの質問の答えはこうです。

「完璧」というのは、人によってそもそも定義が異なる。

前章でも少しお話ししましたが、仮に販売者であるあなたが完璧な商品をつくったところで、その「完璧」は、お客様の立場で見たら不満だらけということもありえます。

逆に、自分の中では不足要素が多く「まだまだ完璧にはほど遠い」と思っていたとしても、お客様からしたら「すごく満足」ということもありえるのです。

このように、100人いれば100通りの答えがあるのが、ビジネスであり人生だということです。

ビジネスがうまくいかない人というのは、このありもしない「完璧」というゴールを、

「お客様の満足のため」と口では言いながら、本当は自分のエゴを満たすだけの目的で邁進してしまうのです。

だから、いつまでたっても満足な売上を上げられることはなく、ジレンマを抱え、無駄なことにお金をつぎ込む羽目になるのです。

そしてその思いがなかなか届かないと、お客様を「無能扱い」し、お客様に嫌われているとはつゆ知らず、自分のエゴを延々と語ることになるのです。

ただ、商品に本当の答えなどありません。

なぜならお客様は、商品だけにお金を支払っているわけではないからです。

これはあなた自身のことを思い出していただければわかると思いますが、商品を買う目的は、何かの願望を達成するためであったり、問題や痛みを解消するためというケースがほとんどだと思います。

だから、いい商品に固執するということはエゴを満たすだけの行為でしかないのです。

品質だけでは優位性にすらならない時代

考えてみてください。

今の100円ショップの商品のクオリティは、世界的に見ても最高な品質です。今の日本の商品は、昔と違って安いから質が悪いということは、ほぼありません。

これは、あなたの競合他社の商品も同じです。

あなたの会社だけが品質がよく、他社は詐欺まがいの粗悪品を扱っているでしょうか？

もちろん、そんなことはありません。

他社の商品も完璧とは言えなくとも、かなり高い水準でクオリティを保っているはずです。デザインも綺麗で、品質も高く、機能も素晴らしいものが一般化し、ゴロゴロしているのです。

今の時代、品質のよさなど何の優位性にもなりません。よくて当たり前です。

しかし、「いい商品」に固執してしまう人は、その罠にハマっていることにすら気づけていません。

この罠の典型例が、「まだどこも扱っていない商品」だったり、「世界では有名だけど、日本にはまだ入ってきていない商品」というものです。

これほど危険なものはありません。

なぜなら、ほかが扱っていないものには理由があるからです。

ただ、ビジネスを失敗させる人は、「自分は優秀だ」と誤解する傾向があるので、ありもしない幻想の世界に心を躍らせ、可能性の住民で居続けてしまうのです。

冷静に考えればわかると思いますが、そんな優秀な人であれば今頃、億万長者です。

しかし、現実は正直です。

「いつかは俺も」と言いながら、夢を妄想するだけの貧乏生活。そして、ヒーヒー言いながら返済に追われる日々を過ごす羽目になるのです。

実店舗とテレビショッピングで、同じ商品が売れる理由

多くの人が、「うちの業界」という言い方をします。しかしそういう人が、誤解している間違いが1つあります。

それは、「商品＝市場」だと思い込んでいることです。

しかし実際は、商品は1つであっても、市場は複数存在しています。

たとえば、あなたのご自宅にもある「掃除機」を例に出しながら解説していきます。

掃除機は、ヤマダ電機のような実店舗でも販売しています。

また、ジャパネットたかたのようなテレビショッピングでも販売しています。

さらに、アマゾンや楽天などのインターネットショップでも販売しています。

では、同じ商品でもなぜそれぞれ販売先が違うのか？

答えは簡単です。

それぞれにお客様が滞留《たいりゅう》しているからです。

これは、インターネット上でおこなう「転売ビジネス」というものを知れば、その真意が明確になります。転売ビジネスを生業《なりわい》にしている人々は、これらの市場における「価格差」を利用してビジネスをおこなっています。

たとえばこうです。

ヤマダ電機で仕入れる↓アマゾンで売る

楽天で仕入れる↓ヤフーオークションで売る

こういった具合です。

このように商品が1つであっても、市場は複数存在し、それぞれの市場でビジネスが成り立っているのです。ここに、〝同じ商品なのに、ヤマダ電機とジャパネットたかたが、それぞれ儲かる秘密〟があります。

同じ商品でも、市場は複数ある

この市場について、もう少し詳しくお話ししていきます。

たとえば、先ほどのヤマダ電機とジャパネットたかたとでは、「なぜ市場が異なるのか？」というと、そもそもお客様の願望や悩みが異なることが理由です。

ヤマダ電機にいるお客様層は、「比べたい、触りたい、持ち帰りたい」という願望があるのに対し、ジャパネットたかたで買うお客様層は、「欲しい商品が電話一本で届く」というところに価値を感じているのです。

このように同じ商品であっても、望むことが異なれば、片方ではメリットなことであっても、もう片方ではデメリットになることもありえるのです。

たとえば商品を比べるという行為であっても、機械のことはよくわからないから面倒だと感じる人もいれば、自分で使うものだから自分で選びたいという人もいるのです。

それを叶えてくれるのが、それぞれのお店であって、異なる市場なのです。

これは少し余談ですが、ノウハウやテクニックも市場単位で効果が異なります。

たとえばテレビショッピングでは、放送で言ったフレーズと売上の推移を見ており、次の放送でそのフレーズを反映させています。

しかし、このノウハウを実店舗で採用したらどうなるでしょうか？

おそらく効果などまったく出ずに、使いものにならないでしょう。

このように、一方では売上に直結するノウハウであっても、もう片方では使いものにならないゴミノウハウとして扱われるのです。

これも市場が異なることでの現象と言えます。

なぜなら、そこにいるお客様の属性が異なるからです。だから、何かのノウハウやテクニックを使う場合、土俵や環境を合わせる必要があるということです。

「戦う市場」を決めずに広告するバカ

あなたは、今まで「戦う市場」を決めてビジネスをおこなってきたでしょうか？

それとも自分を起点にして、複数の市場に対しメッセージを投げてきたでしょうか？

もし、あなたが前者であれば、その市場において認知と信頼ができあがり、企画を立てればお金が舞い込む仕組みが構築できているはずです。

しかし、あなたが後者であれば、大切なお金を散財し、信頼どころか認知すらされていない、詐欺師同然の扱いを受けることとなります。

なぜなら現代は、戦後間もない頃と違い、「いい商品を扱えば信用される」という時代ではありません。前でも触れたように、いい商品など至る所に溢れています。

複数の市場にアプローチするということは、あなたの認知や信頼が、その都度ゼロとなるため、「あなたは詐欺師ですか。これから私のことを騙すのですか」という冷たい目で、お客様はあなたを厳しくジャッジすることとなるのです。

そして、ひと昔前と違い、お客様としても様々な商品を選択することができるため、すぐに信用するほどバカではありません。そのためビジネスを始める際に、大切な第一歩は、どの市場で戦うかを決めることなのです。

この「市場選定」は、今後の成否を決めるとともに、売上の上限を確定してしまうほど重要なものとなりますので、自分のリソースと相談しながら、慎重に決めることをお勧め

します。

そして、市場を決めずにビジネスをおこなうと、ほぼ100%の確率で失敗させることになります。

なぜなら、先ほどのヤマダ電機とジャパネットたかたの例のように、市場ごとにお客様の願望や悩みは異なり、響くメッセージも異なるからです。

そして、このようなことを知らない会社が、膨大な広告費を失うのは、市場における認知と信頼の重要性を軽視した結果にすぎません。

これでは、いくら広告費があっても足りません。もちろん、あなたが億単位の広告費を準備できるのであれば、まぐれ当たりする可能性もゼロではありません。

しかし、それはビジネスではなくギャンブルの領域であり、まぐれの産物を再現することは不可能なのです。

市場によって、お客様の求めるものは異なる

1 実店舗

- 実際に商品を手に取ってみたい
- ほかの商品と比べたい
- その日のうちに持ち帰りたい

2 テレビショッピング

- 電話一本で商品が届く
- 番組を楽しみながら、商品を検討

3 インターネット

- 商品選択に時間をかけたくない
- 情報量の多さ

1つに絞り、市場の内側にメッセージを発信せよ

一方、ビジネスを継続的に安定させる会社は違います。複数の市場に対しメッセージを投げることはせず、勝てる市場を1つ選定し、内側にメッセージを発信するのです。

それも一度だけでなく、何度も何度も繰り返しおこなうことで認知と信頼を確実に定着させることを意識しているのです。

だからジャパネットたかたは、テレビショッピングでうまくいったからといって、実店舗をつくるようなことはしないのです。なぜならテレビショッピングという市場が、自分たちの勝てる市場だということをよく知っているからです。

ここでのポイントは、1つの市場に絞り、見込み客の現実を常に把握することです。

例を挙げるなら、1つの市場（池）を決め、そこにいる魚たちに好きな餌は何かを聞く

ということです。この餌が企画であり、アプローチする切り口でもあります。

そしてここで大切なのが、お客様の願望だけでなく、悩み、痛み、フラストレーションなどあらゆる角度から聞く必要があるということです。

なぜなら、何が儲けの源泉となるかは誰にもわからないからです。

思い込みのせいで外さないためにも、その市場にいる見込み客に聞くのが一番です。

おそらく、ここまでの流れを見て勘のいい人はわかったと思いますが、**「商品はあと回し」**だということです。

ビジネスには順番があります。とくに起業当初は、認知も信頼もないので、自分よがりな商品をつくったところで売れません。

今の時代、お客様のジャッジは年々厳しくなっています。「あなた誰?」という状態から始まります。しかし、お客様がお金を払いたがっている商品を先に提供し、認知と信頼が上がってくれれば、好きな商品を販売することができるようになります。

このように「認知と信頼」は、ビジネスにおけるスタイルを確立してしまうほどのパワーがあるということです。

第3章まとめ

◎「一生懸命働くこと＝売上が上がる」ではない

◎エゴを満たすだけのビジネスは成り立たない

◎今の時代、品質を土俵に勝負しているだけでは勝てない

◎商品は1つであっても、市場は複数存在する

◎「戦う市場」を1つに絞り、内側にメッセージを投げる

◎顧客の認知と信頼を定着させる

第4章

「冷やかし客」と「ズレた市場」は早く切る

「販売者の数×見込み客の数＝市場」

ここまで色々なことをお伝えしてきましたが、そろそろ1つの疑問が浮かんでいることだと思います。

それは、**「そもそも市場とは、一体何なのか？」**ということです。

そこで、この疑問を解決するために回答していきたいと思います。

市場とは、「販売者の数×見込み客の数」のことを示します。

そのため、当然、大きな市場もあれば小さな市場もあります。

要はこの数が市場規模を決めるということでもあり、裏を返せば、競合他社がいないということは、市場すら「存在していない」ということでもあるのです。

市場の定義

市場

＝

販売者の数

×

見込み客の数

これが、いい商品が売れなかった本当の理由です。

その証拠に、30年ほど前に、日本の大手企業が「テレビ電話」というものを発売しました。田舎のおばあちゃんが、都心にいる孫と、顔を見ながら好きなときに会話できる商品で、当時にしたら魔法を思わす未来の道具です。

しかし、億単位の広告費をかけ、CMを流し、至る所でキャンペーンをしたにも拘らず、一般家庭に広がることはありませんでした。

理由は、「競合他社がいなかった」からです。

それだけ新しい商品を認知させるということは難しく、億単位の広告費をかけた大手企業であっても、成し得ることができなかったのです。

しかし今はどうでしょう。スカイプをはじめ、各企業がテレビ電話の利用を開始しています。しかも無料で、世界中どこにいても顔を見ながら通話することができるのです。

これが、いわゆる競合他社の存在です。

だからあなたが扱う商品がどんなにいいものであっても、誰も扱っていない時点で、中小企業、零細企業、個人事業主の規模で広げるのは、ほぼ不可能だということです。

なぜなら、市場を生み出すということは並大抵のことではなく、億単位のお金を使った日本の大手企業でも成し得ることができなかったからです。

もちろん、あなたが隠れ資産として1兆円ほど持っていて、すべてを投資してでも広げたいという思いがあるのであれば話は別ですが、お金もない、市場もないというのであれば、それはもはやビジネスではなく趣味の世界です。

このように言うと、「私はお金のためにやっているわけじゃない」と強がりを言う人がいます。しかし誰も買わないということは、お客様からしたら、お金を払う価値がない商品だということです。

本当にその商品を広げたいと心から願うのであれば、中途半端にお金をもらうのではなく、無料で配ればいいだけです。

もちろん、それまでの投資額を考えると今さら手を引けない気持ちもわかります。

しかし、このまま売れない商品を抱え、市場ができるのを待っているぐらいなら、すでに売れているものを扱い、キャッシュをつくってから、そのいい商品を世に広げる資金にあてればいいことです。

お金がなければ市場をつくることはできません。人は売れる商品に群がり、必ずしもいい商品を買うわけではないからです。

すべてを失い、家族に見放される前に、商品と心中することだけは避けてください。

稼ぐ人ほど、冷やかし客を早く捨てる

これまでに、「見込み客」という言葉が何度か出てきましたが、そもそも見込み客とは何かをご存知でしょうか？

簡単に説明すると、お客様になる前の状態で、文字通り「お客様になる可能性・見込みある人」のことを指します。

この見込み客の意味は知っていたとしても、見込み客の「本当の定義」を正しく言える人は、意外にもほとんどいません。

だから冷やかし客を見込み客だと錯覚し、お金になることのない人に、無駄な時間と労力を奪われてしまうのです。

では、見込み客の「本当の定義」とは何かを解説していきます。

それは2つあります。

① お金を払う心の準備ができている人

② お金を払ってでもその問題を解決したい人

この2種類です。

おそらく、この2つの定義を見たあなたは、「そんな都合のいい人、本当にいるの?」と感じたかもしれません。しかし、これが本当の見込み客であり、これ以外の人はお金をそもそも払う気すらない人だということです。

書籍などでよく、「お客様を選びましょう」というようなことが書かれていますが、早い時点で冷やかし客と見込み客を見分けていかないと、大切な本当のお客様との時間を奪われることになります。

なぜなら、冷やかし客というのは泥棒と同じで、あなたから「奪うこと」しか考えていないからです。

これは私自身も経験があります。

私も商品を販売する際に、一般の人と実際に会う機会があるのですが、冷やかし客は質問内容ですぐにわかります。

そういった人は、とにかくすぐに答えを知りたがります。要は、無料でアドバイスをもらったら、そそくさ逃げるといった感じです。

しかし私もバカではないので、そういった人には本当の部分は教えません。

そこが私の売り物だからです。

公開しても支障のないノウハウは教えますが、それは本質的には何の価値もないので、泥棒撃退用には最高な武器というわけです。

このように出しても支障のないノウハウと、出してはいけないノウハウを分けておくことで、泥棒に満足してもらいながら追い払うことができます。ですので、自己防衛する意味でも、早い段階で冷やかし客を切り捨てるようにしてください。

それ以外にも、ビジネスで儲けることが下手な人は、冷やかし客にも優しくすれば「い

つかは買ってくれる」と誤解してしまいます。

しかし冷やかし客にいくら親切にしたところで、彼らは買うことはありません。なぜなら、冷やかし客にはお金を払うという文化がそもそもないからです。

肩コリに悩んでいても、1万円のマッサージに行かない理由

なぜ多くの人が冷やかし客にハマり、見込み客を見分けることができないのか？

ここがわかるようにならないと、いくら見込み客の定義を知ったところで、意味がありません。

ここからはとくに注意し、一言一句読み飛ばすことなく読み進めてください。

まずは、見込み客の段階からお話ししていきます。

① 悩んでいる
② 解決策を探している
③ すでに商品を買った経験がある

見込み客には、この3段階があります。

このままだとイメージがつかないと思いますので、事例を用いながら1つずつ解説していきます。

① 悩んでいる

あなたは今までに、料金が1万円のマッサージ店に行ったことはあるでしょうか？

あなたの周りの人にも聞いてみてもらうと面白い結果が得られると思いますが、おそらく全員が手を挙げることはないはずです。

しかしながら、手を挙げない人が、「肩コリや腰痛がないのか？」というと、そんなことはありません。

人によって多少症状の差はあるにせよ、「まったくコリなどありません。至って健康です」という人など、まずいないのです。

どんな人であれ少なからず不調を抱え、コリとともに生きています。

しかし、全員が1万円のマッサージに行くことはありません。

悩んでいるからといって、必ずしもお金を払うとは限らないのです。

ここが多くの人がハマる罠です。

儲からない人は、そもそも悩んでいる人の全員が見込み客だと誤解しているから、冷やかし客に時間を奪われる羽目になるのです。

しかし、1万円のマッサージにお金を払う文化がない人に、いくら親切に無料お試し体験をおこなったところでお客様にはなりません。

これは技術が低いからでも、営業トークが下手なわけでもないのです。単に、お金を払う文化がない人に、アプローチしていたからにすぎません。

もう少しこの文化について説明していきたいと思います。

仮に40歳の人がいたとします。

当然この人も、世の中に1万円のマッサージ店があることぐらいは知っていますが、今までに1万円のマッサージ店に行ったことがありません。

ということは、ある意味「40年間、1万円のマッサージを断り続けてきた」ということでもあるのです。

この人に対し、「中国の秘伝のツボが……」「特殊な技術を使った施術をおこない……」というようなセールストークをわずか数時間語ったところで、成約するのは大変です。

なぜなら、「40年間の文化を壊す」ということだからです。

だから、悩んでいるというだけでは、「冷やかし客である可能性が高い」ということです。

② 解決策を探している

人は、悩みを抱え限界値を越えると、自ら解決策を求めるようになります。

人に聞き、インターネットで調べ、解決策を求め出かけるようになるのです。

ただ、ここでのポイントは、お金を払う意思はあるが、どこで解決するかはまだ決めていないということです。

そのため、販売者からしたら「見込み客かも？」という状態です。

③　すでに商品を買った経験がある

この段階にいる人は、特別なセールストークなど必要ありません。

その理由は、その市場に対しお金を払う文化がすでにできあがっているからです。

一度でも1万円のマッサージ店に行ったことがある人は、近所でも温泉地でも海外でも、少し疲れればマッサージに行きます。

なぜなら、「このお店以外、浮気しない」という人など1人もいないからです。

このように、すでに商品を買った経験がある人というのは、「完全な見込み客」だということです。

見込み客には「段階」がある

①「悩んでいる」

→ 冷やかし客の可能性アリ

②「解決策を探している」

→ 見込み客の可能性アリ

③「すでに商品を買った経験がある」

→ 完全な見込み客

「金払いのいい見込み客」の溜まり場はここにある

では、そんな泥棒のような冷やかし客から身をかわし、あなたに喜んでお金を払ってくれる見込み客をピンポイントで掘り当てるためには、どうしたらいいのか？

お金を払っている人がどこにいるのかを知れば、自ずと答えは見えてきます。

ここがわかるようになれば、業種業態問わず、お客様をドンドン獲得することができるようになります。

早速、答えを言いましょう。

ずばり、「既存客」と「競合他社のお客様」が、お金を払ってくれる人たちです。

このように言うと、「何バカなこと言ってるの？」と思うかもしれませんが、この真意がわかるようになると、一生お客様に困ることはなくなります。

なぜならビジネスとは、次の3つのバランスによって成り立っているからです。

・自社
・他社
・お客様

そのため、この3つの要素のうち1つでも欠ければ、ビジネスとして機能することはありません。なぜなら、そこに競合他社がいないということは、お客様がいる可能性が低いからです。だから、競合他社はビジネスをおこなううえで1つの目安となり、市場の存在を明らかにしてくれているのです。

では先ほどの答えについて、それぞれ詳しく説明していきます。

まずは、「既存客」からです。

この既存客というのは、市場単位で見たら、すでに見込み客の状態にあると言えます。

なぜならリピートという言葉があるように、一度買ってくれたお客様はまた買う可能性が高いからです。

しかし、このお金の源泉でもある既存客を放置するとどうなるか？　そのお客様は、あなたに断りの電話を入れることなく黙って立ち去り、笑顔で競合他社の扉を叩くことになります。そのため、既存客を丁寧にアフターケアするということは、新規客にアプローチする以上に大切なことであり、成約が高い状態にあるお客様を見過ごすのは非常にもったいないことと言えます。**なぜなら、既存客というのは少なからず、あなたと商品を通して信頼関係ができているからです。**

ただ、既存客以外の見込み客にアプローチする際には、1つだけ注意があります。

それは、既存客というのは、販売者であるあなたに思考や発言が寄ってきているため、同じ感覚で競合他社のお客様や新規客にアプローチしてしまうと、メッセージが響かず、意味不明の言語を話す異国の人のように扱われてしまうということです。

そのため、ここで意識しなければいけないことは、見込み客が使う「言葉・単語・言い回し」に合わせて話をするということです。

見込み客が使っている言葉であれば、専門用語を使ってもOKです。

このように言うと、「小学生でもわかる言葉じゃないといけないのでは？」と言う人がいますが、見込み客の頭の中にすでにある言葉であれば別に問題ありません。

わざわざその言葉に対して説明する必要がないからです。あなたが説明せずとも、その見込み客の中では常識化していることなのですから。

次に、「競合他社のお客様」です。

こちらも既存客と同様です。競合他社のお客様というのは、その市場に対しお金を払う文化ができあがっているため、市場単位で考えれば見込み客です。

そのため、営業トークで「説得」する過程をショートカットすることができます。

なぜなら、その面倒な説得の過程は、すでに競合他社が済ませてくれているからです。

だから、あなたは高度なセールストークをおこなう必要などなく、涼しい顔で口笛を吹きながら、ただ競合他社の穴を指摘するだけでお客様を横取りすることができるのです。

ここでのポイントは、「競合他社の穴を指摘する」というところです。

なぜなら、ここを忘れてしまうと、あなたからの提案がいくらいいものだったとしても

お客様はあなたを無視し、「何この人、変態」という冷たい視線で、あなたをゴミのよう

に扱うことになるからです。

競合他社のお客様を「無料」で調査する裏ワザ

ここまでの話を聞いて、

「見込み客が競合他社にいるのはわかったけど、どうすれば競合他社のお客様にアプローチすることができるのか?」

という疑問が残ったと思います。

そこでここからは、競合他社のお客様はどこにいるのか？　ということについてお話ししていきたいと思います。

ただその前に、競合他社を調べないことには、対策を考えることができません。そこで、アプローチする前に、競合他社のお客様を「無料」で調査する方法をお話ししていきます。

そうです、無料です。

通常、リサーチ会社に依頼すると莫大なお金が必要になります。しかし、そんなお金をかけずとも、簡単かつ無料でできるリサーチ法があるのです。

それは、「インターネット上に公開されている〝お客様の声〟を調べる」ことです。

詳しく説明していきます。

まず、ヤフーやグーグルなどの検索窓に、「(業種)　お客様の声」と入れます。

その際、地域ビジネスであっても全国を対象で調べる必要があります。

なぜなら、業界全体の流れを知ることができるからです。

たとえば、あなたの会社がエステであれば、「エステ　お客様の声」。そして、あなたの会社がリフォームであれば、「リフォーム　お客様の声」といった具合です。

このように検索すると、検索結果の欄に、全国で公開されている競合他社の「お客様の声」のページ（ホームページ）が表示されます。

当然ですが、ここに表示されている内容は〝その会社にお金を払った人たちの声〟が載っているということです。

だから、このお客様の声を調べることで、見込み客の現実を知ることができるのです。

これは、願望だけでなく悩みや痛み、フラストレーションなど様々なことが「お客様の声」として書かれています。

そして、たまに間抜けな会社は、「検索したキーワード」まで丁寧に教えてくれていることがあります。これはお金をくれているのと同じことです。

なぜなら、そのキーワードで広告を仕掛ければ「お客様が取れる」と言っているようなものだからです。

ただ、この「お客様の声」を見る場合、嘘の情報に騙されないことが大事です。

なぜならインターネットというのは、今のところ何の規制もないので、嘘も含めて自由に投稿することができてしまうからです。

そのため、見る側が嘘を見破る方法を知っておかないと、騙されて痛い目に遭うことになります。

そこで、ここでは嘘を見破るいくつかの注意ポイントをお伝えしておきます。

これさえ押さえておけば、大半の嘘は見抜くことができるようになりますので、「お客様の声」をチェックする際にはお役立てください。では始めます。

まず、そもそもお客様の声は、嘘のものが大半だということを心得ておくことです。

業種にもより多少前後はしますが、比率的には、10～20個に1つ、本物があるような感覚です。

次に、テンプレートになっているものは、嘘の可能性が高いと言えます。

似たような声が揃っているものは、不自然で、ありえないということです。

そして、やたらと褒めちぎっているものも、つくられた声の可能性があります。

おそらく、本人もしくはその家族が書いたものだということです。

そして最後は、個人相手のビジネスなのに、ホームページに載っているお客様の写真が綺麗すぎるものに関しては怪しいと言えます。

たとえば、近所のマッサージ店に行くのに化粧をバッチリしていたり、プロのカメラマンが撮影したような写真があるのは、普通に考えてありえません。

このように、これらのチェックポイントに引っかかるものは、偽造された嘘の情報の可能性がありますので、注意しながら本物を探り当てるようにしてください。

そして、最後にお客様の声を調べるうえで大切なのが、「その会社（お店）を選んだきっかけ」を徹底的に調べることです。

これさえわかれば、お客様が何を望み、どんなメッセージを強調すればいいのかが見えてきます。

こういったことを意識しながら競合他社の調査をおこなうようにしてください。

そのほか、リサーチする際、注意しなければいけないことがあります。

それは、いわゆる「無料の質問サイト」で公開されている声は冷やかし客の声である可能性が高いので、あまり参考にしないほうがいいということです。

なぜなら、無料で質問するような人たちなので、そもそもお金を払ってまで解決したいと望んでいないからです。

ここまでのステップを次のページにまとめておきます。

競合他社のお客様を「無料」で調査する

STEP 1 「（業種）お客様の声」で検索

↓

STEP 2 「お客様の声」の本物と嘘を見分ける

↓

STEP 3 願望、悩み、痛み、フラストレーションを知る

↓

STEP 4 その会社（お店）を選んだきっかけを知る

いかがでしょうか。このような視点を持つことで、いつもは何気なく見ていた「お客様の声」を、お金を生み出す根元に変えることができます。

そして、常にこういった視点を持つことで、競合他社に一歩も二歩も差をつけることができるようになりますので、少し俯瞰《ふかん》して色々なところにアンテナを張るようにしてください。

そうするだけで、見えなかったものが意外なかたちで表面化し、次のアイデアの種を生み出すきっかけとなります。

売上は「市場選定」が9割

ここまでの話でわかったと思いますが、ビジネスを継続的に成功させる秘訣は、今の自分でも「勝てる市場」を1つに定め、そこに滞留する見込み客を徹底的に調査することです。

だから、ここでの教訓は、

「売上は商品ではなく、市場選定で決まる」

ということを忘れないことです。

正直、市場の見分け方は簡単です。

まず最初に扱う商品が決まったら、次に競合他社があるかどうかを調べることです。

当然、そこに競合他社があれば、お客様もいるという合図でもありますので、そこには間違いなく市場は存在します。

市場というと、人によっては難しいように感じるかもしれませんが、言い換えれば、「商圏」と捉えることもできます。自分が商売をする範囲のことです。

ただ、この商圏も、今回の事例のように闇雲に広げてしまうと、それこそ認知と信頼がゼロとなり、構築するまでに時間がかかってしまいます。

ですので、自分の中でテリトリーを決め、そこで得た認知と信頼を糧《かて》に、ビジネスを拡大していくことです。

そうすることで、無駄な広告費をかけることなく、すべて資産に変えることができます。

ただ先ほどからお話ししているように、商品を基軸にメッセージを発信してしまうと、「その商品をたまたま探していた」という人以外、買ってもらうことができません。

もちろん、このような人がたまたま目の前に現れれば、それこそラッキーですが、そんな都合のいい人が毎回現れることなどありません。

だとしたら商品ではなく、お金を払うお客様に焦点を当て、商品の先にある願望や痛みなどの、得たい結果にフォーカスすればいいのです。

そうすることで、ビジネスに終わりが来るという心配から完全に解放されるようになります。

なぜなら、商品にはライフサイクルというものがあり、この世からその商品が消えることはあっても、それを使うお客様がいなくなることはないからです。

それを示すいい例が、昔、大流行した「ポケベル」です。

ご存知の方も多いと思いますが、１９９０年代に最盛期を迎えたポケベルは、高校生をはじめ、主婦やサラリーマンに愛された画期的な商品でした。

しかし、それから数十年経った今ではすっかり姿を消し、過去の遺物となりました。

ただ、商品は姿を消したとしても、お客様がいなくなったわけではありません。

ポケベルが、PHSとなり、携帯となり、今ではスマホに姿を変えただけにすぎません。

要は、お客様としては商品がポケベルでなくともよかったわけです。

なぜなら、「大好きな人と、いつでも好きなときにやり取りすること」が、お客様の望んでいることであり、得たい結果だからです。

だから商品を基軸とするのではなく、お客様の得たい結果にフォーカスすれば、どんなメッセージを投げれば響き、何を商品として扱えばいいのかも見えてきます。

そのためにも自分のリソースを最大限活かせる「勝てる市場」を1つ選択し、そこで徹底的に活躍することです。

そうすることであなたは、そこの住人として存在感を示し、お金だけでなく自由を手にすることができるようになります。

魚ではなく釣り人と仲よくなる

次に、「勝てる市場」で活躍するために、誰と一番仲よくしなければいけないのか?

ということについてお伝えしておきます。

「お客様以外とは名刺交換しない。ライバルとは顔も合わせたくない」

と言う人がいます。

しかし、これはビジネスの本質が理解できていない人の特徴です。

ビジネスで成功したいのであれば、お客様ではなく競合他社と仲よくすることです。

なぜなら、少し失礼な言い方をすれば、ビジネスは釣り堀と同じだからです。

・市　場　↓　池
・販売者　↓　釣り人
・お客様　↓　魚
・商　品　↓　餌

市場という池に、販売者という釣り人がいる。そして、お客様という魚に対して商品という餌を投げる。

当然、魚が好む餌を糸に垂らすことができる釣り人は多くの魚を釣り上げることができ、自分よがりな餌しか投げられない人は魚を釣ることができません。

もしあなたが、これまでに魚を一匹も釣れていないとしたら誰に話を聞きますか？

魚でしょうか？

それとも釣り人ですか？

答えは、言うまでもなく「釣り人」です。

なぜなら、釣り人のバケツの中には、大量の魚が入っているからです。

おそらく、そんな光景を目にしたら、あなたは迷わず隣の釣り人に頭を下げ、釣り方を教えてもらうはずです。

ただ、今のあなたはどうでしょうか？

競合他社と聞くと、逃げるようにその場から立ち去るようなことをしていませんか？

もしそんなことをしたら、美味しい情報など回してはくれません。

そうではなく、競合他社と常にいい関係をつくることができれば、お客様をシェアすることもできるのです。

なぜなら、魚はお腹が空けば、また餌を探しに来るからです。

第4章まとめ

◎「販売者の数×見込み客の数」が、市場の大きさ
◎冷やかし客は早い段階で切り捨てる
◎見込み客には3段階ある
◎お金を払ってくれるのは、「既存客」と「競合他社のお客様」
◎インターネット上に公開されている〝お客様の声〟を調べる
◎売上は商品ではなく、市場選定で決まる
◎商品にはライフサイクルがある
◎競合他社と仲よくする

第5章

新規客を殺到させる「非常識な集客法」

流行している集客ノウハウは正しいのか？

ビジネスをおこなっている人の多くが、興味関心のある言葉が1つあります。

それは、「集客」です。

もっと言えば、「流行りの集客法」です。

しかし、この流行りの集客に関しては、確かな情報が少ないことから詐欺のような話も多く、騙される人があとを絶たないのも事実です。

なぜなら、「流行りの集客法」という場は、詐欺師からしたら天国のような楽園で、極上の蜜があると知っているからなのです。

ただ、そこに本当の答えなどありません。

あるのは地獄だけで、本当の自由が手に入ることなど一生ないのです。

とはいえ、「流行りの集客に答えがない」というだけで、集客自体がビジネスからなくなることはありません。

むしろ、集客なくしてビジネスは成立しないほど、集客はビジネスの入り口でもあり、要《かなめ》となるものです。

では、本題に入っていきます。

まずはこの章でも、ビジネスがうまくいかない人の共通点からお話ししていきます。

その共通点とは、「今、流行っている集客ノウハウに踊らされている」ということです。

たとえば、

・You Tube

・Facebook

・ブログ

・LINE

など、今は様々な集客ノウハウが公開されています。しかし、この章の冒頭でもお伝えしましたが、流行りの集客法に本当の答えなどありません。

むしろ、答えがあるどころか、そこに手を出した瞬間、地獄の扉を自ら開くようなものです。なぜなら、詐欺師たちがあなたの短期的欲求を刺激し、幻想を夢だと錯覚させているからです。

だから、「流行りの集客法」という言葉に心揺らいだとしても、その誘惑に負けてはいけないのです。

高齢者がターゲットなのに、フェイスブックで宣伝しても意味がない

もう少しイメージしていただくために、1つの媒体を例に挙げ、お話ししていきます。

たとえば、フェイスブックの場合、利用者は30～40代のビジネスパーソンを中心にした媒体だと言われています。

それは、フェイスブックにアクセスし、どのような人が利用しているかを見れば一目瞭

然です。そこに小学生や高齢者はほとんどいません。

しかし、流行りの集客に踊らされる人はその罠にハマってしまいます。

自分の商品は高齢者がターゲットなのに、それを一切無視し、フェイスブックが流行っているという言葉だけを信じてしまうのです。

すでにブームの去ったものを、今が旬だと錯覚し、出遅れた馬車馬のように宣伝を始めても意味がないのは当然です。

そこには、そもそも自分のお客様はいません。

「結局、労力使っただけで何も起きなかった」という羽目になるのです。

もちろん、それで気づけばいいのですが、その大半は、お金にもならない他人の投稿に媚《こび》を売り、「いいね」返しを期待する、本当はいいとは思ってもいない投稿に「いいね」を押す、という日々を過ごすことになってしまう人も大勢います。

とはいえ、これはフェイスブックが悪いわけではありません。

このようなことは、他人の儲け話に翻弄され、自分のお客様とは無縁の流行りの媒体に手を出したツケだということです。

しかし、こうした流行りの媒体にフラフラしてしまうのは、ある意味仕方がありません。**「隣の芝生は青い」という言葉があるように、他人は輝かしく見えてしまうからです。しかも、それが今までに聞いたことのない「新しい手法」だとしたら尚更です。**

とはいえ、知らないことに手を出すことほどリスキーなものはありません。

なぜなら、その媒体や手法自体がリスクということではなく、新しいものに手を出すということは、知識、経験、スキルがゼロリセットになってしまうからです。

そして、このときが一番騙されやすい状態と言えます。

その理由は、興味関心があり、お金を払う心の準備もできているので、騙される環境としてすべての要素が整っているからです。

そして、そういった情報弱者に狙いを定め、儲け話を片手に魔の手を伸ばしてくる人たちはあとを絶ちません。

ただ、このような儲け話に翻弄されるのは、あなただけに限ったことではありません。

そして、これは海外でも同じような現象が起き、流行りの集客媒体にフラつく人々はあとを絶ちません。

その証拠に、私が住むマレーシアでも同じようなことが起きているのです。

現在、私は家族とともにマレーシアのジョホールバルという都市に住んでいます。

これはよく聞かれることなのですが、ジョホールバルを選んだ理由は、世界の名だたるインターナショナルスクールがこの街の成長に注目し、数年前からこぞって進出してきているからです。

そこで私たちも子どもの教育を最優先に考え、数年前に移り住むことを決めたのです。

そんな勢いのあるマレーシアにも、集客に関する面白い現象が起きています。

それは、「タクシー」に関するお話です。

そして、この現象は、集客に関する事情をわかりやすく説明しているものなので、ここであなたにもシェアしたいと思います。

マレーシアにある3種のタクシー

マレーシアには、３種類のタクシーが存在します。

① 最新の流行りのアプリを搭載《とうさい》しているタクシー

② ショッピングモールの出入口で待機しているタクシー

③ 意外な秘密のスポットに出向き乗客を獲得するタクシー

それぞれの特徴を含めながら、詳しく説明していきます。

どのタクシーが、最も集客上手か？

① 最新のアプリを搭載しているタクシー

② ショッピングモールの入口で待機しているタクシー

③ 秘密のスポットに出向くタクシー

① 最新の流行りのアプリを搭載しているタクシー

マレーシアにも流行りの集客媒体というものがあります。

それが、「タクシーアプリ」です。

このタクシーアプリを簡単に説明すると、このアプリを搭載したタクシーと乗客は、ネットを経由し、連絡を取り合うことができるという仕組みです。

たとえば、乗客がタクシーに乗る際は、「タクシーを呼ぶ」というボタンを押すことで、瞬時に近くを走るタクシーに連絡が行きます。タクシー側のアプリがその連絡を受信すると、「タクシータクシー」と、アプリが騒ぎ出すのです。

そのほか、このアプリは、「タクシーの予約」をボタン1つでおこなうことも可能です。

これにより時間外の受付もおこなうことができるようになったので、取りこぼしのロスを大幅に減らすことができました。

ただ、ここからが問題です。

このアプリは非常に優れもので、一見便利な集客ツールのようにも感じるのですが、盲点があります。

それは、「本質は今までと何も変わっていない」ということです。

あなたも薄々お気づきかもしれませんが、アプリは近くに通るタクシーに反応します。ということは、これまで手を上げて車を止めていた行為と、ほぼ変わらないということです。

強引にメリットをあげるとすると、少しだけ見過ごしが減ったというぐらいです。

さらに、予約に関しても同じです。

確かに時間外の受付ロスは減ったかもしれませんが、予約が必要な人は営業時間中に再コールするだけですので、そこまで大きなロスが改善されたとは考えられません。

単に、今までの予約が分散されただけで、全体の予約数が増えたということには繋がらないのです。

そう考えると、アプリの開発コストや月額にかかる管理維持費を加味すると、経費を無駄にしただけとも捉えることができます。

これも結局、今までと同じで、ガソリンを無駄にしながら流しを続ける貧乏タクシーだということです。

② ショッピングモールの出入口で待機しているタクシー

マレーシアには日本と同じで、ショッピングモールの「イオン」があります。さすが日本の企業だけあって、規模もスケールも群を抜いています。

当然そこには多くの買い物客が連日やってくるので、タクシーも列をつくり、乗客が来るのを今か今かと待っています。

しかし、その「今」がなかなかやってくることはありません。そして、乗客がつかまらず、稼げないために、海外タクシーでよく話に聞くような「ぼったくり」が起きたりするのです。

なぜこのようなことが起きるのかというと、その大半は冷やかし客だからです。

これは、集客を勘違いしている人がハマる罠でもあります。

人がいれば、そのおこぼれでも十分に儲かると錯覚してしまうのです。しかしターゲットを決めたところで、その夢が叶うことはありません。

なぜなら、**「ターゲット＝見込み客ではない」**からです。

そうではなく、見込み客を把握したうえで、その中からターゲットを絞り込む必要があるのです。

しかし多くの人は、この事実に気づけていません。だから努力する割には、いつまでたっても儲からずに悩むのです。

さらに、この罠にハマる人は、無駄なチラシやコミュニティー誌、展示会などにお金を使い、「成果が出ない」と嘆く羽目になってしまいます。

こちらも同様に、ターゲットを決めただけでは意味がありません。その大半がお客様ではないのです。当然、お客様ではない人にメッセージを投げたところで、無視されるのは目に見えています。

これはキャッチコピーや内容以前の問題です。

どんな広告も、人だけいれば反応するということなどないのです。

しかしビジネスを甘く見ている人は、まずはカタログを作成し、ホームページやチラシなどで告知をおこない、お客様が来るのを指を咥《くわ》えて待ちます。

それでお客様が来るのであれば、今頃、全員が億万長者になっています。

しかし、ビジネスを成功させる人は違います。

「反応率の高い順」で告知をおこなっていくのです。
その方法に関してはあとで詳しく記していきます。

ここまでの2種のタクシーは、一見儲かりそうな戦略をおこなっていたのですが、じつは、蓋を開けるとほとんど儲かっていないことがわかったと思います。

では、「タクシーというビジネス自体が儲からないのか?」というとそんなことはなく、どんな業界であっても必ず儲けている人たちがいます。

彼らは、こっそり自分たちだけ儲けて、豪遊生活を満喫しているのです。

そして、タクシー業界にもそんな勝ち組運転手は存在し、貧乏運転手が四苦八苦しているのを横目に、涼しい顔でガンガンお客様を獲得し、財布には入りきれないほどの札束をパンパンにする日々を過ごしているのです。その「勝ち組運転手」が次です。

③ 意外な秘密のスポットに出向き乗客を獲得するタクシー

勝ち組運転手は、半分壊れたボロい旧式の車に乗っているので、まさか彼らが儲かっているとは誰も気づきません。

本当のお金持ちは、ブランドスーツを着こなすことをしないのと同様です。

なぜなら二流の小金持ちと違って、服装などで権威を示さずとも、有り余るほどの資産と権力を持っているからです。

しかも「資産家だ」とバレると、ハイエナのような輩に狙われてしまうので、身を守るためにも過剰にアピールすることはありません。

これは私自身も、世界の高級ホテルのＶＩＰ専用ラウンジや、航空会社のダイヤモンドメンバーしか使用することのできないファーストラウンジに出入りするようになり、実感しました。

通常、飛行機のファーストクラスというのはヨーロッパ線で３００万円はします。

そんな人たちしか入れない場所なので、ギラギラしたドレスコードをしている人ばかりなのかと思いきや、意外や意外、短パンにTシャツという軽装な人ばかりだったのです。

もちろん、この勝ち組のタクシー運転手がそこまで稼いでいるかは不明ですが、ただ1つだけ言えるのは、車に乗り、軽快な音楽をかけ、おしぼり片手に、乗客に媚を売らずとも、「あなたの車に、どうか乗せてください」と向こうからお願いしてくる乗客だけを相手にすればいいということです。

通常で考えれば、「なぜ、そのようなことが起きるのか?」と不思議に感じると思います。なぜなら大概の人は、半分壊れたボロい旧式の車よりは最新の革張りのシートに乗りたいと思うからです。

ではなぜお客様は、この汚いボロ車に頭を下げるのか?

それは、この項目の「秘密のスポット」という言葉に答えがあります。

要は、**この秘密のスポットが、それ以外のマイナスを打ち消すだけのパワーを持っているる**ということです。それがボロだろうと汚かろうと、サービスが最悪であったとしても、乗らなくてはいけない理由がそこにはあるのです。

では、その秘密のスポットとはどこか?

それは、「バス停」です。

これは、定刻通りにバスがやって来ることが当たり前の日本人には、理解できないことだと思います。

ですが、マレーシアを含め、近隣の発展途上国は定刻通りにバスが来ることなどほぼありません。とはいえ、バスの時刻表だけはあるので、乗客は来るか来ないかわからないバスをただ黙って待たなくてはいけないのです。

これほどイライラする交通機関はありません。

ただ面白いのが、そんな当てにならないバス停に並ぶお人好しが、毎回数人はいるということです。

これは私も近くのカフェでパソコンを打ちながら観察していたのですが、毎回1～2時間は当たり前のようにバスが遅れてくるのです。

そんな中、そこに目をつけた勝ち組タクシーが涼しい顔してバス停の前に現れます。すると、来ないバスにシビレをきらした乗客が次々とタクシーに乗り込んでいくのです。その金額は、バスの運賃の10倍以上するにも拘らず。

なぜこのような不思議な現象が起きているのか。

それは、**〝目的地に行けないことでの損失が、価格やそのほかのマイナス要素を跳ね除け、タクシーを救世主に変えてしまう〟**からです。

さらに、ここからが面白いのですが、先ほど乗客を乗せたタクシーが我が物顔でまたそのバス停に戻ってくるということです。これほど効率的なものはありません。

なぜならばタクシーというのは、乗客を乗せている時間が長ければ長いほど、お金になるシステムだからです。

本当は何を望んでいるのか？

しかしビジネスが下手な人は、商品やサービスに答えを求めてしまい、
・最新の車種にしなければ嫌われる
・綺麗な革張りのシートのほうが喜ばれる
・最新アプリを導入し、より使いやすく快適に
などと過剰なサービスをすれば、集客できると錯覚してしまいます。しかし、お客様か

らしたらそんなことは、二の次、三の次なのです。

大切なのは、そのお客様が「何を望んでいるか」ということです。今回のケースならば、「目的地に、いち早く行くこと」以外ありません。

それ以外は、あくまでオマケでしかないのです。

そこをうまく捉えたのが、③の勝ち組タクシーだということです。

前の2種のタクシーは、この本質を見過ごしてしまったことで、お客様が望まないことに労力を割《さ》き、結果、自ら貧乏路線に足を踏み入れてしまったにすぎません。

しかしこのことは、今回のタクシーだけに限ったことではありません。

きっと、あなたの周りにも同じようなことが起きているはずです。

なぜなら、お客様の期待する結果にフォーカスせずに、自分の売りたい商品ばかりに目がいっている人があまりにも多いからです。

だから、いつまで経ってもビジネスが楽になることはなく、貧乏暇なしの状態から抜け出すことができないのです。

成功者がおこなう告知の順番と5つのリストとは？

ここで、P．130で触れた、「反応率が高い順の告知」についてお伝えいたします。

その順番とは、

（1）既存客ハウスリスト
（2）見込み客ハウスリスト
（3）競合他社リスト
（4）類似業種リスト
（5）チラシやホームページ

この5つです。では、1つずつ詳しく説明してきます。

（1）既存客ハウスリスト

これは、名の通り、「ハウス＝自社」の既存客リストのことを示します。

この既存客というのは、自社の商品をこれまでに買ったくれた人たちです。そこには、すでに信頼関係があり、あなたからの次の提案を待っている状態のお客様といえます。

もちろん、最初の商品で適当なことをしてしまったら、信頼どころか悪い印象を植えつけてしまいますが、真剣にビジネスをおこなっているあなたであれば、まったく問題ないと思います。

（2）見込み客ハウスリスト

この見込み客リストは、先ほどの既存客とは違い、まだ商品は買っていないけど、あなたの会社に興味を持っている人のリストのことです。

簡単に説明すると、無料サンプルの請求や、無料体験に足を運んだ人のことを指します。

もし、あなたがこの見込み客リストを蔑《ないがし》ろにし、ゴミ同然のように扱っているとしたら、一生、貧乏の札をさげて枯渇した人生を生きる羽目になります。

それだけ、この見込み客リストというものは大切で、取り扱い方次第ではお金に変わる原石だということです。

（3）競合他社リスト

前章でお伝えしましたが、競合他社には見込み客が存在しています。そこを狙わないのは非常にもったいないといえます。

なぜなら競合他社が、そのお客様のこれまでの文化を変え、業界の商品を買うという決断やあと押しをしてくれているからです。

それはお客様にとって非常に大きなハードルを乗り越えたという証です。説得のフェーズを、競合他社があなたの代わりにクリアしてくれたからです。

そのため、あなたが商品を販売する際は強引な説得など不要で、競合他社に感じているフラストレーションや穴を指摘するだけで、お客様を楽々横取りすることができるのです。

ただ、この競合他社リストの中には、既存客と見込み客リストがありますので、可能な限り、既存客リストが使えないかを打診するようにしてください。

（4）類似業種リスト

ビジネスには、お客様が期待している結果にフォーカスする視点が必要です。

たとえば、ダイエットを考えている人には、「痩せたい」という願望があります。ということは、痩せることができさえすれば、それがエステでもサプリでもスポーツジムでも、方法は何でもいいということです。

これが類似業種リストであり、同じ結果を提供しているリストといえます。

しかし商品に固執している限り、どのリストが有効なリストになりうるのかが見えてこないので、一旦、商品を頭から外し、お客様が期待している結果にフォーカスするようにしてください。そうすることで可能性の扉をいくつも開くことができるようになります。

（5）チラシやホームページ

最後が、見込み客とは一切縁のない、ターゲットを決めただけのチラシやホームページです。とくに最近ではチラシの効果は年々下がり、万三（1万件中、3件の反応）と呼ばれ、これほど非効率で反応を取るのが難しい媒体はありません。

なぜなら、冷やかし客の中に埋もれている、ごくわずかな見込み客を掘り当てなくてはいけないからです。しかも、その大半が冷やかし客であるため、打ち出すメッセージに頭を悩ませます。

ただ先ほども言いましたが、ビジネスが下手な人は、この一番難しく非効率なチラシやホームページから手掛けてしまいます。しかもお客様が期待する結果など一切無視で、商品を説明するだけの、自分のエゴを満たすだけの内容で仕上げてしまいます。そして、その完成に喜ぶのは、裸の王様である社長だけといったお寒い状況に……。

これではいくら情熱があっても、ビジネスを失敗させるのは目に見えています。

だから、あなたがビジネスでの成功を望むのであれば、最後の（5）からではなく、自分のリソースを最大限生かし、（1）から順番におこなっていってください。

このように言うと、「自分はビジネスを立ち上げたばかりで、ハウスリストがありません」という人がいますが、そういう人は、（3）から考えてください。

告知の順番と5つのリスト

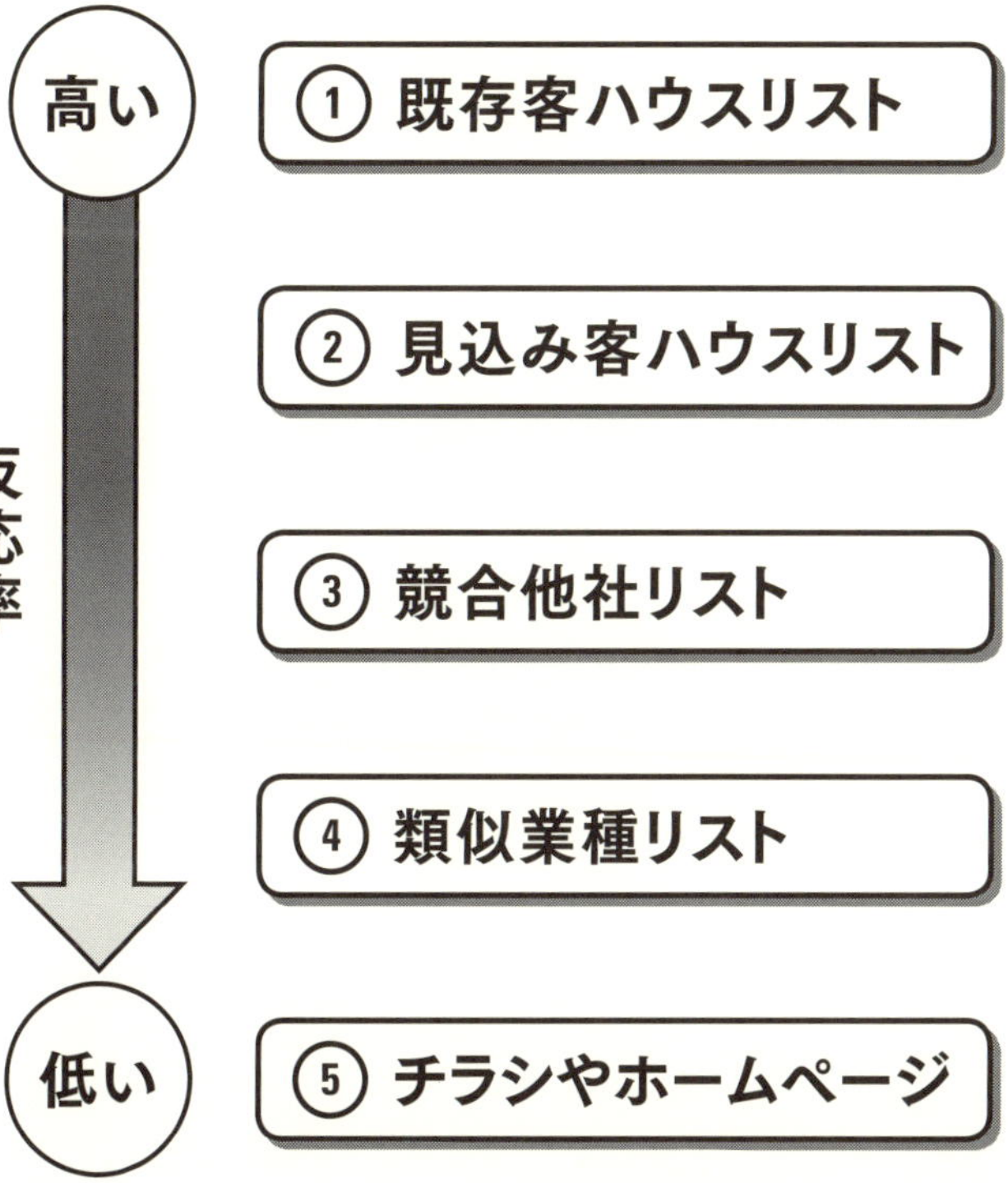

市場ができれば、次のサービスが生まれる

1つの市場が生まれると、面白い現象が起きます。

それは、その市場全体が仮に儲かっていなかったとしても、その穴を塞ぐような新たなサービスが生まれるということです。

なぜならば、お金を払いたがっているお客様がそこに居続ける限り、その市場がなくなることはないからです。

そして前述のタクシーアプリにも、その波は押し寄せてきました。

それが、「ウーバー」というアプリの登場です。

これはアメリカの民間企業が仕掛けた世界規模のビジネスなのですが、今、最も勢いのあるアプリと言われ、世界各国にそのブームを巻き起こしています。

ただ、そのブームに反対する人たちも当然います。

それがタクシー業界です。

なぜならば、ウーバーというのは、個人の運転手と利用者を直接結ぶサービスだからです。

当然このようなサービスが個人間でおこなわれてしまったら、商売になりません。

そこで、このことに猛反発したフランスのタクシー会社がボイコットを発動し、反撃を仕掛けたのですが……。

それを逆手に取ったウーバーが、その間に多額の広告費を投入し、一気にこれまでのタクシーのお客様を奪い取ってしまったのです。

ここまできたら、もはや喜劇です。

なぜなら、そもそもボイコットというのは代替案がないという前提でおこなわないと、効果どころか信頼を失う危険行為だからです。

当然、このケースで言えばお客様からしたら、ウーバーがまさに代替案となっています。信頼のおけないタクシーを待つ必要などどこにもありません。

このように、今では1つの企業が発案したアイデアが、タクシー業界全体を飲み込んでいるのです。

ただ、これはタイミングとして、〝競合他社がすでにいた〟ということも、成功した要因の1つです。

なぜなら世界企業であっても、市場をゼロからつくるのは、認知と信頼を勝ち得るまでに多額の広告費が必要になってくるからです。

ではマレーシアでは、どのような経緯でウーバーが広がったのでしょうか。

それは、タクシーアプリをすでに使い、フラストレーションを抱えていた人に対してリーチしたことが理由です。

当時、タクシーアプリを使用していた人が感じていたフラストレーションは、
・なかなかキャッチできない
・無愛想かつ怖い
・ボロ車で汚い
・値段が高い
・ぼったくられそう

・そもそも海外のタクシーは信用できない

というようなものがありました。

しかし、その穴のすべてを埋めたのがウーバーだったのです。

ただ、「個人の車ほど怖いものはないのでは?」と心配する人もいると思います。

それを上手に解決したのが、ウーバーの「評価制度」だということです。

当然、悪い評価を受けたり批判的な声が出てしまえば、商売を続けることができません。

そこでウーバーは、ビジネスの根底に流れる「信頼」に、焦点を当てたというわけです。

その結果、サービスとして車内にお水やおしぼりを置くドライバーが増え、ウーバーへの信頼は一気に浮上し、タクシー業界を飲み込む勢いとなったのです。

そしてウーバーは認知と信頼を勝ち得たことで、自らの市場を生み出すことに成功し、今では価格自体を市場でコントロールするまでになったのです。

どういうことかというと、タクシーの場合、早朝夜間料金というものはあるとしても、それ以外の時間で料金が異なるということはありません。

しかしウーバーは違います。

乗客の利用率に応じて、分単位で価格が変わるのです。

たとえば夕方などの道路が込み合う時間は、ウーバーの設定している価格がドカンと上がり、逆に暇な時間になると通常料金に戻るという仕組みです。

このように市場を自らつくることに成功してしまうと、価格まで支配することができるということです。

ただ、これは文化や法律の違いもあります。

なぜなら、海外のタクシーは怖い、ぼったくられる心配がある、などデメリットが大きいからです。

しかし日本は違います。

ウーバーは日本進出を果たしましたが、なかなか広がることはありません。

その理由の1つは、法律です。

日本では、他人を乗車させる際、第二種運転免許が必要だからです。

そしてもう1つは、日本のタクシーは安全かつ親切だという認識が強く広がっているからです。

もちろんこのような話は、世界企業の戦略なので、話を聞く分には面白いと思いますが、それを同じようにあなたに「やってください」と言ったところで、できる人などほとんどいないと思います。

そこでここからは、中小企業、零細企業、そして個人事業主の人が、どのように戦い集客を実現していくかというお話をしていきたいと思います。

その成功の鍵を握るキーワードは、次章でお伝えする**「既存客の共通点」**です。

第5章まとめ

◎「流行りの集客法」に振りまわされない
◎「隣の芝生は青い」ということを冷静にジャッジする
◎マレーシアの３種のタクシーに集客を学ぶ
◎ターゲット＝見込み客ではない
◎お客様が「何を望んでいるか」にフォーカスする
◎「反応率の高い順」で告知する
◎市場を自らつくることに成功してしまうと、価格まで支配することができる

第6章

起業の命運を分ける「共通点」と「タイミング」

既存客の「共通点」を探せ！

集客を失敗させる最大の要因は、「リサーチ不足」です。

ビジネスを上手にやっている人は、このリサーチの重要性を重々実感していると思いますが、逆に、ビジネスを勘に頼ってやってしまうような人は、リサーチの重要性にまったく気づいていません。

当然、勘が当たっているときは、それでもいいのですが、一旦その勘が外れるとカチッとハマっていた歯車がガタガタ音をたてて崩れ落ちてしまいます。

当然、歯車が1つでもなくなってしまったら、ビジネスがそれ以上うまく回ることはなく、崩壊する以外道はありません。

では、どうしたら勘に頼ることなく、ビジネスを安定させ、軌道に乗せることができるのか？

それは、「リサーチ」をしっかりとおこなうことです。

なぜならビジネスの成否は、「80％がリサーチで決まる」と言われるほど重要で、外せない要素だからです。

それだけ、このリサーチはビジネスにおける核でもありますので、時間だけでなく労力を十分かけるだけの価値はあります。

ただ、その労力と時間をどこにかけるのかということも大切な要素です。

そのためここからは、何をどの手順でおこなっていけばいいのかということについて、解説していきたいと思います。

まず、既存客に聞くのが第一ステップです。

ただこの際、注意があります。

つき合いが長い既存客の意見を反映させすぎないということです。

第4章で少し触れましたが、あまりにも身近で仲のいいお客様と同じような感覚で、新規客にアプローチをおこなったり、そこでの常識を押しつけてしまうと、まったく新規客に響くことのないメッセージを投げかけることになります。これでは、リサーチが無駄骨となります。

そのため、既存客の意見は聞きつつも、「それは第三者から見てもズレていないか？」と常に疑いながら、新規客の立場でリサーチするようにしてください。

次に話を聞く人数です。

直接、既存客に会うことができる人であれば、3～5人もいれば十分です。

沢山の人に意見を聞かなくてはいけないと誤解している人も多いのですが、その必要はありません。既存客には共通点があります。その共通点さえ見つかれば、それがリサーチに必要な人数だということです。

ただ逆に、この共通点が見つからない間は、聞く人数を増やすしかありません。

たとえばインターネットなどでリサーチをかける場合、その精度や内容が薄くなってしまうため、量で補う必要があるのです。

既存客の共通点を知れば、誰を狙えばいいかが見えてくる

もう少しイメージしていただくために、この共通点の重要性について事例を用いながら説明していきます。

私のクライアントに、エンディングノートのＤＶＤ版を販売している人がいます。エンディングノートとは、高齢者が死に備えて、希望を書き留めておくノートのことです。

当時のこのクライアントは、「将来介護を受ける可能性のある高齢者」を対象に、ビジネスを展開できないかと考えていたのです。

その理由は、彼がサラリーマン時代に、介護をサポートする立場にあったためでした。認知症などになってしまう前に、若い頃の記憶をＤＶＤにまとめておけば、本人だけでなくその家族も喜ぶと考えたからです。

これは自分の経験から思いついたアイデアなので、非常に素晴らしく、ビジネスとしても可能性があるように見えます。

しかし独立起業時はほとんどお客様を取ることができず、貯金を切り崩しながらの不安な日々を過ごしていたのです。

そんな折、私と出会い、アドバイスをすることになったのです。

このとき私からは次のようにアドバイスしました。

まずは、**「既存客の共通点を調べてください」**と言いました。

なぜこのアドバイスをしたのかというと、このとき彼は、知人からの紹介&ミニセミナーで、3名のDVD製作を請けおっていたからです。

そこで、この3人についての共通点を探ってもらうことにしました。

なぜなら前章でお伝えしたように、既存客というのは、業界から見たら見込み客です。

そのため、この3人の共通点を探り当ててしまえば、ターゲットが見えると判断したからです。その結果面白いことがわかりました。

このとき見えた３人の共通点は次の通りです。

・高齢者
・男性
・70～80歳
・経営者
・「子どもにビジネスを伝えたい」という想いを持っている
・介護とは無縁で健康
・顧客になった経緯は、知人からの紹介&ミニセミナー
・インターネットは見ない

というものが見えてきました。

これを見た彼は、口をポカンと開けて唖然《あぜん》とした表情で、こう言いました。

「あれ、想像していたターゲットとまったく違う」と。

それもそのはず、この項目の中に、当初予定していた介護という文字が1つも出てこなかったからです。

そして、当初の彼が定めたターゲットとしてマッチしていたのは、「高齢者」ということだけだったのです。

これではいくらターゲットを決めて、その人たちに向けてメッセージを投げかけたところで反応がないのは当然です。しかもこのときの彼は、高齢者とは縁のないブログを毎日書いては、お客様が来ないと嘆いていたのです。

これは客観的に見れば、誰だって間抜けな行動だとわかります。

しかし、1つの成功パターンしか知らない似非《えせ》コンサルタントに騙されてしまうと、このような行動を愚直に信じ、無駄な労力をかけてしまうのです。

そこで、今までの「将来、介護を受ける可能性のある高齢者」という対象から、路線を変更しました。そのターゲット像は、先ほどの共通点にすべてがマッチする人を対象とすることに決めたのです。

当然、これまでにお客様の来なかったブログの更新作業はやめてもらいました。

なぜなら、時間は無限にあるわけではないからです。

それに起業を1日でも早く成功させるためには、**「お金になることだけに集中する」**必要があるからです。

そして、彼がやるべき集客法もわかりました。

それは、「紹介&ミニセミナー」だということです。

なぜなら今回の3名は、その経路で顧客になっていたからです。

そこで、私が彼に出した次のアドバイスは、

「今回定めたターゲットに対して、メッセージを投げてください」

というものでした。

もちろん、ブログなどは一切使わずに、この方たちが見る媒体を選びました。

その媒体は、「チラシ」です。

しかも、折り込みチラシやポスティングといった無駄なこともおこないません。なぜならば、そこに今回のターゲットがいる可能性が低いと思ったからです。

そこで、紹介者とDVDを作成した3名の顧客の方にお願いし、このチラシをばら撒いてもらうことにしたのです。

その結果お客様が面白いように集まり、起業後3ヵ月で100万円の売上。8ヵ月で1

〇〇〇万円を達成することに成功したのです。

なぜこの方が短期間で成果を出すことができたのかというと、まずは自分の勝ちパターンを知り、それを飽きずに繰り返したからです。

多くの人はこの当たり前なことができません。なぜならば、他人の儲け話に翻弄され、すべての情報が儲かると錯覚してしまうからです。

しかし、どんなに完璧に見える情報であっても必ず穴はありますし、その情報が必ずしもすべての人に合うとはいえません。

だから、最終ゴールの目的が、「お金を稼ぎ、ビジネスを成功させたい」と望むのであれば、他人ではなく自分の勝ちパターンを知ることです。

それが唯一の儲けの根源でもあり、お金の源泉となるものです。

リサーチの手順

STEP 1 既存客の共通点を知る

STEP 2 見込み客を把握した上でのターゲット設定

STEP 3 これまでにお金になった集客法を洗い出す

STEP 4 ターゲットに対してメッセージを投げる

STEP 5 「自分の勝ちパターン」を繰り返す

流行りの媒体を追っている限り、貧乏から抜け出せない

集客の成否には、流行りの媒体に答えがあるわけではありません。

今回の事例のように、高齢者相手であれば、ネットよりチラシやＦＡＸなどのアナログ媒体のほうがいいかもしれませんし、若い世代がターゲットであれば、スマホなどのアプリに関するもののほうがいいかもしれません。

自分のお客様が何の媒体を見ているのかということと、どんな環境にいるのかということを知ることのほうが重要だということです。

これは、市場によっても当然変わりますし、お客様の層によっても変わります。

だから、どの広告に出せば儲かるということではないのです。ただ、このように言っても、まだ「どの広告に出せば儲かりますか？」と間抜けな質問をしてくるトンチンカンな

人がたまにいますが、それは出せばすぐにわかることです。

それが怖いというのであれば小さくテストすればいいだけです。そして反応を見ながら改善し、徐々に大きくしていけば怖いことなど何もないのです。

ビジネスはギャンブルと違い、知識を増やしスキルを高めることでリスクを軽減することができます。

そして、〝広告と友達〟になると、とんでもない数のお客様を連れてきてくれるようになります。これがビジネスです。

自分なりの正解をつくっていくのがビジネスなのです。これがある意味、自分の勝ちパターンを知るということなのです。そして、このようなことがわかるようになると、今後一切、流行りの媒体に左右されることがなくなります。

なぜなら新規客を殺到させる最大の秘訣は、「見込み客を基準に考えていくこと」だからです。ですので、ここでの教訓は、

「流行りの媒体を追っている間は『貧乏』になる」

ということです。忘れないでください。

なぜならば、そこの媒体に見込み客がいなければ、労力だけでなく、時間、そしてお金までも失ってしまうからです。

時間だけは人に平等に与えられた権利です。それは、世界の大富豪であっても同じです。誰もが24時間×３６５日を生きているのです。

しかし、同じ時間を過ごしているのに、有り余るほどのお金と権力を持っている資産家は何が違うのでしょうか。彼らは、自分の持っているすべてのリソースを最大限生かしているからこそ、莫大なお金を稼ぐことができているにすぎません。

ただ、そんなお金儲けのプロとも呼べる彼らにも、能力やリソースでは補いきれない「最後のピース」というものがあります。

そして、このピースだけはコントロールすることができず、どうにかなるものではないということも知っています。

無駄な抵抗をするのではなく、逆にその波をどう捉えるかだけ意識しているのが、いまからお伝えする「最後のピース」です。

ビジネスでの運命を分ける「最後のピース」とは

最後のピース。それは、「タイミング」です。

これはビジネスでの成否を分ける非常に大切な要素であり、同じ労力やチームであったとしても、売上が10倍以上変わるのが、この「タイミング」なのです。

わかりやすい例が、「花粉症」の時季です。

この時季は、お客様の短期的欲求も非常に高まっているので、「花粉症」と名札をつけるだけで、飛ぶように商品が売れていきます。しかし、この時季が少しでも過ぎてしまうと、まったく同じ商品であっても見向きもされず人気は激減してしまいます。

要素がすべて揃っていたとしても、最後は結局タイミングが成否を分けます。タイミングを考慮しながら仕掛けてください。そのタイミング次第で、あなたの運命は決まります。

第6章まとめ

◎ビジネスの成否は、80％がリサーチで決まる

◎既存客の意見を反映させすぎない

◎集客は、顧客の共通点を見つけることから始まる

◎お金になることだけに集中する

◎定めたターゲットに対して、メッセージを投げる

◎自分の勝ちパターンを知り、それを飽きずに繰り返す

◎知識を増やしスキルを高めることで、リスクを軽減できる

◎流行りの媒体を追っている間は貧乏になる

◎ビジネスの最後のピースは「タイミング」

第7章

ビジネスの本質をつかむ

ビジネス＝価値交換＝資産

ビジネスとは、「価値と価値の交換」で成り立っています。

商品という価値をお客様に届け、お金という価値を対価として受け取る。

これがビジネスの本質です。

だから、あなたの手元に今、資産や貯金がないとしたら、それは今まであなたが価値を届けてこなかった証拠でもあるのです。

このように言うと、「銭ゲバですか？」と言う人がいますが、そうではありません。

大切なのはお金ではなく価値だということです。

そして、その価値にさえフォーカスしておけば、大きな間違いを起こすことはありません。

なぜなら、「商品＝価値＝お金」だからです。

これを見てわかると思いますが、**価値が商品とお金を繋いでくれているのです。**

しかしお金儲けが下手な貧乏人は、ビジネスをそもそも勘違いしています。

なぜなら、一生懸命やることと、売上は比例すると信じているからです。

確かに一生懸命やることは大切です。

しかし本質がズレていた場合、一生懸命やっても1円すら稼ぐことはできません。

これは、誰がお金を払うのかを考えればわかることです。

そうです。お客様です。

だとしたら、ビジネスとはお客様に価値を届けることであって、自分のエゴを満たすことではないのです。

もちろんこのお客様が感じる価値を押さえたうえで、努力や思いがリンクしていれば、それはあるに越したことはありません。しかし、その根源となる「お客様が感じる価値」がそこになければ、努力しても一生報われることはないのです。

だからビジネスをおこなううえで大切なのは、お客様の価値にフォーカスしなければいけないということなのです。

そして、そのお客様が期待する結果の大きさや価値の量が、最終的な価格に比例します。

大きな売上を目指すのであれば、労働に頼らない仕組みや考え方を取り入れていく必要があるのです。

それを叶えてくれる1つが、次にお伝えする「秘密」に隠されています。

そして、あなたが販売者であれば、この手法を営業時に取り入れるだけで売上を簡単に上げることができるようになります。

また、あなたが購入者であれば、胡散《うさん》臭いセミナー講師に騙されることなく客観的に販売者心理を研究することができるようになります。

2つのノウハウの使い分けが、キャッシュを生み出す

では、その「秘密」の全貌と具体的な手法について詳しく話していきます。

その真実とは、

「『what to（何をやるか）』は話してもいいが、『how to（どうやってやるか）』は話してはいけない」

ということです。

売れない営業マンは、この境を明確にすることなく、すべてのノウハウを語ってしまいます。

もちろんお客様の信頼を獲得するために、ノウハウを語るのは非常に大切なことです。

しかし、満足度が上がったところで、商品が売れなければジレンマを抱えるだけです。

そして帰りの身支度をしながら、交通費すら回収できなかったことに対して自信を喪失する羽目になるのです。

とはいえ、このままだとまだイメージが湧かないと思いますので、もう少し具体的事例を挟みながらお話ししていきたいと思います。

以前、有名マーケッターが書籍であるノウハウを紹介しました。

そのノウハウとは、「小冊子を配ればお客様がガンガン取れる」という内容のもので、当時、爆発的ヒットを生み出しました。

しかし、そのノウハウはヒットとともに悲劇を生み出し、成功できない人が続出してしまったのです。

では、そのノウハウには嘘が書かれていたのか？

もちろん、そんなことはありません。

実践した人の中にも成功した人は多く含まれていました。

では、一体何がこの差をつけてしまったのか？

- **小冊子との相性**
- **業種業態**
- **文章のクオリティー**
- **ページ数**
- **タイトル**

など色々なことが考えられますが、これらは部分的要素であり、成否を左右する核ではありません。

では、その差を分けた核となる根源的要素とは何か？

それが、先ほどの「what to」と「how to」です。

今回のケースで言えば、

「what to（何をやるか）」→小冊子を配る
「how to（どうやってやるか）」→売れる小冊子の具体的つくり方
ということです。

書籍では「what to（何をやるか）」しか公開されていなかったため、独学で小冊子をつくった人が、無残にも惨敗してしまったというわけです。

しかしその後、お金を払い「how to（どうやってやるか）」を学ぶ講座を受けた人は、ガンガンお客様を獲得し、競合他社に差をつけ大儲けしたのです。

ただ、この「what to」に関する罠は、これで終わりではありません。というより、本当の恐怖はここからなのです。

その恐怖とは、「what toを聞くと、知った気になってしまう」ということです。

これが大きな罠でもあり、悲劇を引き起こす根源的要因でもあるのです。

そして、これを知って勘違いしてしまった人は、「まずは、習わずに自分でやってみよう」と自分の能力を過信し、独学でやるようなことをするから印刷代や送料を無駄にしてしまったのです。

しかし、これはある意味仕方ありません。なぜなら人間は、**「平均以上効果」**という心理が働いてしまうため、自分の能力を過剰評価してしまうからです。

あなたを失敗に手招きする「平均以上効果」

多くの人は、何かをおこなう際、「自分は最低でも平均以下にはなることはない」と信じています。

そしてこの錯覚する行為が、「知っている・やる・できる」というまったく違う次元の言葉を同じだと誤解させ、自分の能力を過信することで、失敗という引き金を引いてしまうのです。

これは至る所で起きています。

ビジネスだけでなく、スポーツや趣味の世界でも基本的に同じです。

口では「自分は下手です」と謙遜しながらも、心の片隅の本音では「ほかより上手くやれるはず」というような淡い期待が、平均以上効果を生み出しているのかもしれません。

しかし、それらはあくまで幻想であり、本当の答えなどそんなところにはありません。

なぜなら小冊子などあくまで手段にすぎず、「売れる構成」が成否を分けるからです。

ただ、多くの人はこの事実に気づけていません。

単に小冊子を出せばお客は集まるという幻想に支配され、誰にも読まれない小冊子をつくり、自分のエゴを満たすだけという事態なります。

これでは恥を世間に晒《さら》すだけで、成功どころの話ではありません。ただ、このように言うとあなたは疑問に感じるはずです。

「なぜ販売者は、『how to（どうやってやるか）』を言わないのか？」と。

これには大きな秘密があります。そして多くの人は、この秘密を知らないからこそ、学んでも成功することができなかったのです。

その秘密とは、「目的の違い」です。

詳しく説明していきます。

販売者の最終目的は、商品を売ること（how to）です。

しかし購入者の目的は、お客様を増やすことです。

これでは真面目に学んでも成果が出なくて当然です。

なぜなら、商品の先にある結果がそもそも違うからです。

だからあなたが本気で成功を望むのであれば、この目的の違いに気づき、これらの手法を知ることが重要だということです。

多くの人は、目先で公表されているものを疑いもせずに信用してしまいます。

だから蓋を開けた瞬間、中身が違うことに腹を立て、詐欺だと騒ぎ立てることになるのです。でも考えてください。

中身が違うと錯覚したのは勝手な思い込みで、販売者が仕組んだわけではありません。

単に今回のケースで言えば、著者は「小冊子を配れば、お客様は取れるよ」と言ったにすぎません。

しかし、その裏側に隠された真意を含め、翻訳するとこうなります。

「売れる構成で仕上げた小冊子を配れば、お客様は取れるよ」

ただ、このようにした場合、今度は「売れる構成」について説明する必要が出てきてしまいます。これは書籍でまとめるとなると、もう1冊本ができる分量です。

そのため書籍で出す場合、次の疑問が出るような言葉を入れることができないのです。

しかし、このようなケースは、セミナーや説明会では日常的におこなわれています。

これが先ほどの「目的の違い」でもあるのです。

裏側に隠された真意を見抜くことが、成功の鍵となる

ビジネスなので、先ほど述べた目的の違いはある意味仕方ないことです。

たとえば、デパ地下で試食を延々と続ける人はいません。試食はあくまでお試しであって、信用を得るための手段にすぎないのです。

だから大切なのは、目の前にきた情報をバカ正直にチャンスと捉えるのではなく、お互いの目的の違いに気づくことです。

なぜなら、今のビジネスは昔と違い「仕組み」が成否を分けてしまうからです。

戦後の日本は、いい商品さえつくれば売れるという時代だったために、教育に関しても、一昔前までは、「言われたことをきちんとこなせる人＝優秀」という評価でした。

しかし現在では、「言われたことしかできない人＝使えない」という烙印を押されてしまいます。

再三言うように、今は、「いい商品をつくれば成功できる時代」ではありません。

言われたことだけをきちんとやっていても、勝てる時代ではないのです。

それはインターネットの出現で、世界がボタン1つで繋がったことも大きく影響しています。

昔は、大企業しか仕組みを導入することができませんでしたが、今は個人であっても気

軽に仕組みを構築することができてしまう時代なのです。

だから、あなたが昔の思考のままで居続ける限り、この目的の違いに一生気づくことはできません。

しかし、時代は変わりました。今後ビジネスで生き残り、勝ち続けるためには、仕組みが売上をつくり、集客を楽にしてくれます。ただ、仕組みと言ってもわかりにくいと思いますので、最後に一例をプレゼントしたいと思います。

「仕組み」があなたの未来を変える

あなたは、自動車メーカーが何で儲けているかご存知でしょうか？

・自動車の販売
・メンテナンス

・パーツなどの関連商品の販売
・車検&修理
など色々と思いついたと思いますが、どれも違います。

答えは、「オートローン」です。

時代により多少変化はありますが、多いときは収益の8割がローンだということです。

この理由がわかると、裏の仕掛けが見えてきます。

たとえばテレビコマーシャルです。

大体どこの自動車メーカーも、30~40歳の子持ちの夫婦を対象とし、軽自動車またはワゴン車のCMを流しています。

これは一見、何も疑うことなく自然に見えるのですが、儲けに繋がる仕組みがこのCMには組み込まれているのです。考えてみてください。

この世代の人たちは、住宅だけでなく教育などにもお金がかかるのが一般的です。

そこに車が割り込むわけですから、キャッシュで買える家庭は少ないです。ということは車を買う時点で、自動的にローンを組むことは、ほぼ確定してしまうのです。

ここが非常に大切なポイントです。

なぜなら、「車を買う＝ローンの売り込み不要」という構図が、この時点ですでにできあがってしまっているのです。

これは、とんでもないことです。

ローンを単体で販売している人であれば理解できると思いますが、このケースの場合、車を売っただけで、ローンを売らずに売ってしまったのです。

これが仕組みの威力です。

このように目先の商品だけにフォーカスしてしまうと、儲けの本質が見えなくなってしまいます。しかし、裏に潜むキャッシュポイントを知ることで、販売者の真意や本当の目的を知ることができるのです。

だから、あなたも本物の情報と出会い、成功のきっかけを得たいと望むのであれば、巷《ちまた》にあるような胡散臭い儲け話にフラつくのではなく、販売者が仕掛けている本筋の目的やキャッシュポイントを意識しながら見抜くようにしてください。

その視点を持つだけで、あなたの未来は変わり始めます。

第7章まとめ

◎「商品＝価値＝お金」

◎「how to（どうやってやるか）」は教えない

◎「what to（何をやるか）」を聞くと、人は知った気になってしまう

◎人間には、「平均以上効果」がある

◎「目的の違い」にフォーカスする

◎「仕組み」が成否を分ける

◎販売者が仕掛けているキャッシュポイントを見抜く

おわりに——

起業とは、科学である

ビジネスとは、科学です。

曖昧な情熱や、根拠のない自信だけで成功できるほど甘くはありません。

何度も言いますが、「いい商品をつくれば売れる」という時代は、過去の産物となり、もはや幻想でしかありません。

ビジネスは科学のようなもので、最適な要素を調合し、テストを繰り返しながら最適なタイミングで投入すれば、失敗を防ぐことは100%可能です。

そうです。

100%ビジネスを失敗させることがなくなるのです。

ただ、このように言うと、「100%成功できるの?」と誤解する人がいますが、10

０％成功するビジネスというものは存在しません。

この「成功」と「失敗」という言葉は、相反するように感じてしまうのですが、まったく違う次元の言葉です。

当然、この事実とやり方を知っている人はビジネスを確実に成長させていくことができますが、知らない人は勘と自信だけでおこなってしまうため、いつまでたってもビジネスにならず、趣味の領域から脱することができません。

もちろん、「副業」や「一生、趣味でもいいです」というのであれば、それも1つの選択です。しかしビジネスとしておこなうのであれば、お金をもらってください。そして、儲けてください。

なぜならお金というものは、あなたの過去を表すものだからです。

そのため、これまでにいくら立派なことを言ってきたとしても、今が貧乏であれば、あなたのやってきたことは間違っていたということです。

いい商品とお金は必ずしもイコールで結ばれることはなく、お客様が感じる価値がそこに存在していなければ、お金になるどころか残念な扱いを受けても仕方ありません。

だから、それを客観的に示してくれるお金という指標が大切になってくるのです。

価値のない商品を届けるほどエゴに汚染されたものはありません。それがお金と時間と労力をかけた情熱ある商品であってもです。


あなたは今回この書籍を通じて、これらの要素を学ぶことができました。

あとは、あなたのビジネスに応用するだけです。

正直、今回お話ししたことは、あなたの競合他社はまだ気づいていません。

おそらく、この先も彼らは気づかないまま、ジリ貧生活を何とか乗り切る自転車操業を続けるはずです。

しかし、勉強熱心なあなたは違います。

おそらく最初にこの内容を知ったときは、驚きと発見が交差したと思いますが、あなたはビジネスの入口でもある**「秘密の裏ルール」**を学ぶことができました。

これで今後一切、お客様に困ることはなくなります。

それだけこの内容はパワフルで、無尽蔵にお客様を引き寄せることのできるノウハウだということです。

ポイントは、「引き寄せる」という部分にあります。

今回お届けした内容は、あなたが無理して欲しくもない人に売り込むといった強引な手法ではなく、人間心理を意識した売り込まない新世代の集客法でもあるのです。

つまり、一切ストレスを感じることなく、好きなお客様だけを相手にすることができるようになるのです。

これが「心理マーケティング」です。

おそらくマーケティングや心理といった分野を学ぶ人も多いと思いますが、あなたのビジネスに誰がお金を払うのかというと、ロボットではなくやはり人間なのです。

だとしたら、そのお客様が感じる価値や思考、そして感情なども考慮しながらメッセージを発信していかない限り、無視され変人扱いされるだけです。

だからもし、あなたがビジネスで成功し、人気者になりたいと望むのであれば、自分のエゴを押し通すのではなく、とにかく高い位置から物事を見るようにしてください。

これは認知心理学の用語で「メタ」と呼ばれているのですが、簡単に説明すると、「高

い位置から物事を俯瞰して客観的に見る視点」ということです。

そして、この視点を持つことができれば、商品に溺れることはなくなり、冷静に周りを見渡すことができるようになるのです。

ビジネスは偏《かたよ》りをつくった時点で負けです。

なぜなら、ビジネスは足し算ではなく掛け算で成り立っているからです。

その証拠に、どれだけいい商品を扱い、タイミングがバチッと合っていたとしてもそこに信頼がなければ、商品を売ることはできません。

また、信頼もあり商品が最高であっても、最後のタイミングがズレてしまえば1円すら稼ぐことはできないのです。

このように要素がズレていたり、要素が欠けてしまうと、反応がゼロになるのがビジネスの恐ろしいところでもあり、面白いところでもあります。

ただ、はじめ小さくやる分には少し事情が異なり、足し算で稼げてしまうのがビジネスの面白いところでもあるのです。

今回、あなたは様々なことを学んだと思いますが、このままページを閉じ日常生活に戻ってしまえば、あなたの人生は何も変わることはありません。

これでは、せっかくこの本を読んでくださった時間が無駄になってしまいます。

そうではなく、小さくてもいいので行動してください。

その行動が、ビジネスに即結びつくということでなくても構いません。

単に、ここで知り得た内容を友人や知人に話すということだけでもいいのです。

その小さな一歩が、あなたの未来を変えてくれます。

ここまでおつき合いくださったあなたには、更なる進化を目指していただきたいので、最後にプレゼントをご用意しました。

それは、この書籍の元になったＷＥＢセミナーへの無料ご招待です。

参加方法は、次ページのＵＲＬにアクセスしていただき、いつもお使いのメールアドレスをご入力後、「今すぐ無料で参加する」という緑色のボタンを、マウスに乗せた人差し指で力強くクリックするだけです。

このＷＥＢセミナーでお届けしている内容は、書籍では公開できなかった秘蔵テクニックや、ノウハウがふんだんに公開されています。

これを見るだけでも売上を上げることは可能です。

ですので、もっと知りたいという方は、今すぐアクセスし、プレゼントを受け取ってください。

【今すぐプレゼントを受け取り、売上を10倍にする】

↓

http://www.adw-zion.com/was/one/opt/opt.html

最後に、大好きな子どもたち、レムとリラへ――。


この書籍は、大好きな私の子どもたちに残しておきたい内容として書きました。

なぜなら、私の夢は、子どもたちと将来一緒にビジネスをおこなうことだからです。

そのため、私の会社名はＲＥＭＳＬＩＬＡ（レムズリラ）としています。

子どもたちの名前をそのまま会社名にしました。

他人から見たらただのエゴに見えるでしょうが、それでも私はいいと思っています。

その理由は、自分や大切な家族を守れない人間が、お客様を幸せになどできないと考えているからです。

だから私は、家族を一番に考え、子どもの将来に生涯をかけたいと思います。

それが今回の書籍であり、大切な子どもに伝えたい内容をあなたにお届けしています。

だから、もしこの書籍を読んで「成果が上がったよ」という、喜ばしい展開がありましたらメールで構いませんので、ご一報いただければ嬉しいです。

最後までおつき合いいただき、ありがとうございました。

船ケ山　哲

著者プロフィール

船ヶ山哲（ふながやま・てつ）

心理を活用したマーケティングを得意とし、人脈なし、コネなし、実績なしの状態から、起業後わずか3年で300社以上のクライアントを獲得。そのクライアントは、上場企業から町の小さな商店まで幅広く、北は北海道から南は沖縄まで、さらに遠くはギリシャやコロンビアまでサポートをおこなう。

プライベートでは、子どもの教育を最優先に考え、マレーシアのジョホールバルに在住。

その卓越したマーケティング手法は、数々の雑誌やメディアに取り上げられ、テレビ番組のメインキャストを務めるほか、ラジオ番組でのパーソナリティーとしても活躍中の起業家。

著書に『売り込まずにお客が殺到するネット集客法』（セルバ出版）、『大富豪から学んだ世界最強の儲かる教え』（アイバス出版）がある。

稼ぎたければ、捨てなさい。
～起業3年目までに絶対知っておきたい秘密の裏ルール～

2016年 9 月10日　第1刷発行
2016年10月 1 日　第3刷発行

著　者　船ヶ山哲

発行人　櫻井秀勲
発行所　きずな出版
東京都新宿区白銀町1-13　〒162-0816
電話03-3260-0391　振替00160-2-633551
http://www.kizuna-pub.jp/

印刷・製本　モリモト印刷

ISBN978-4-907072-71-1

きずな出版